CORTE Y CONFECCION 2

CORTE Y CONFECCION
2

ediciones
ceac

Perú, 164 - 08020 Barcelona - España

© E.T.A.F.

Editado por
EDICIONES CEAC, S.A.
Perú, 164 - 08020 Barcelona (España)

3.ª edición: Abril 1990

ISBN 84-329-3202-7

Depósito Legal: B-17921-1990

Impreso por
GERSA, Industria Gráfica
Tambor del Bruc, 6
08970 Sant Joan Despí (Barcelona)

Impreso en España
Printed in Spain

Introducción

Las mismas motivaciones que citábamos en la Introducción al primer tomo de «Corte y Confección» son válidas al presentar este segundo y último tomo, que supone una continuación y complemento necesario de aquél.

En efecto, si el primer tomo estaba principalmente dedicado a los patrones, así como a faldas, chaquetas y chaquetones, este que ahora tiene en sus manos incide más detalladamente sobre modelos de capas, abrigos, prendas interiores y lencería.

Al final del libro figuran los *Ejercicios de Interpretación de Modelos* con sus correspondientes *Soluciones,* cuya utilidad resulta innecesario subrayar.

Creemos con esta obra haber cumplido el objetivo de brindar un instrumento que permita, a quienes la consulten, gozar de la libertad de vestir sin estar sujetos a las limitaciones que pueda imponer la propia constitución física, las condiciones económicas o la estandarización inevitable de las prendas hechas en serie.

1

Prendas de forma japonesa

Primer modelo de vestido japonés

Como primer modelo japonés presentamos un lindo vestido de manga corta, de sencilla interpretación (Fig. 1).

El delantero es abierto, sin cruce, y lleva una cremallera. El cuello forma solapa.

La falda es de media capa, con dos grandes bolsillos de plastrón.

El cuerpo y los botones de los bolsillos van adornados con una trencilla de piquito.

Las medidas que vamos a emplear para el estudio de este modelo son las siguientes:

Ancho de espalda	38 cm
Largo de talle espalda	41 cm
Largo de talle delantero	43 cm
Altura de hombro	36 cm
Contorno de cuello	36 cm
Sisa (mitad de su vuelta)	18 cm
Contorno de pecho: 92 más 4	96 cm
Vuelta de cintura	80 cm

Trazado del cuerpo

Patrón de la espalda

Empezamos trazando el patrón-tipo, pero dejaremos sin dibujar la curva de la sisa puesto que no es necesaria para el patrón japonés (Fig. 2).

La línea del hombro no termina en E, sino que pasa a 2 cm más arriba de este punto, y se prolonga 11 cm, terminando en un punto que llamaremos X.

Después calcularemos la diferencia que existe entre la línea de pecho y la cuarta parte de la vuelta de cintura. En este ejemplo son 4 cm, los cuales los repartiremos entre la costura del costado y la pinza en la cintura. En el costado entallaremos 2 cm y los otros 2 en la pinza, que colocaremos en la mitad de la distancia CM, dándole 10 cm de largura.

Finalmente, trazaremos una línea desde X a M. La distancia que hay desde X hasta la línea de pecho será la bocamanga. Desde la línea de pecho hasta M, es la costura del costado.

Figura 1. Modelo de vestido japonés con manga corta.

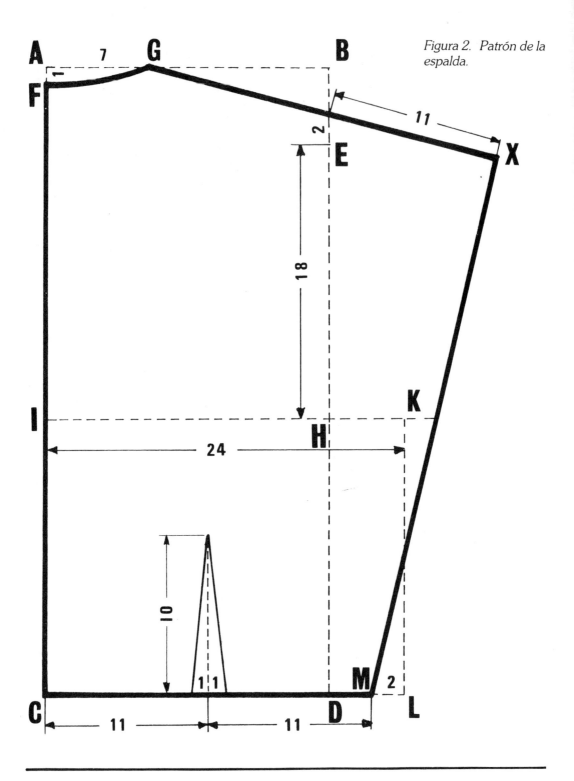

Figura 2. Patrón de la espalda.

Patrón del delantero

Para el delantero trazaremos también el patrón-tipo, sin dibujar la sisa. La línea del hombro es igual que en la espalda (Fig. 3).

De bajada de escote pondremos 6 cm, es decir, 1 cm menos que de ancho, con objeto de que la punta de la solapa no quede baja.

Después marcaremos 11 cm desde F, hacia abajo, con el punto F_2, el cual indica donde empieza el doblez de la solapa. Para señalar la línea del doblez trazamos desde este punto una línea que termina a 1 cm de G (en la figura 3 está marcada con trazos discontinuos).

Después haremos el entalle con los mismos centímetros que en la espalda, pero como en el delantero hemos tenido que aumentar 2 cm la línea de pecho, para rebajarlos pondremos otra pinza más en la cintura.

La primera pinza la pondremos a 8 cm de C y la segunda a 6 cm de la primera, tal como se ve en la figura 3. Ambas pinzas tendrán una largura de 10 cm.

Puesto que el delantero lleva solapa, necesitamos ponerle vistas. Para ello prolongamos la línea BA tantos centímetros como tiene el ancho de escote, más 1 cm, y señalamos el punto con la letra A_2. En la línea de centro aumentos 3 cm, desde F_2 y C respectivamente, y dibujamos la vista de la forma que muestra la figura 3.

Patrón de cuello

Para realizar el patrón del cuello, se traza sobre papel doblado con objeto de que salga el cuello completo.

Desde el doblez del papel se pone la mitad de la medida total de escote, y señalamos los puntos A y B (Fig. 4). A partir de A, hacia abajo, pondremos el ancho que deseemos dar al cuello, en este caso 5 cm, y señalamos el punto C. Desde B, abajo, pondremos 6 cm, y señalamos el punto D, el cual lo uniremos con C mediante una línea.

Después prolongaremos la línea AB, 4 cm, marcando el punto B_2, el cual lo uniremos con D, y así queda terminado el patrón.

Patrón del bolsillo

Se traza un rectángulo de 17 cm de ancho por 19 cm de alto y señalamos los puntos ABCD (Fig. 5). Después se redondea una de las esquinas, como se ve en el dibujo. Para ello señalamos dos puntos a 8 cm de C, hacia arriba y hacia abajo, que nos servirán como inicio y fin de la curva.

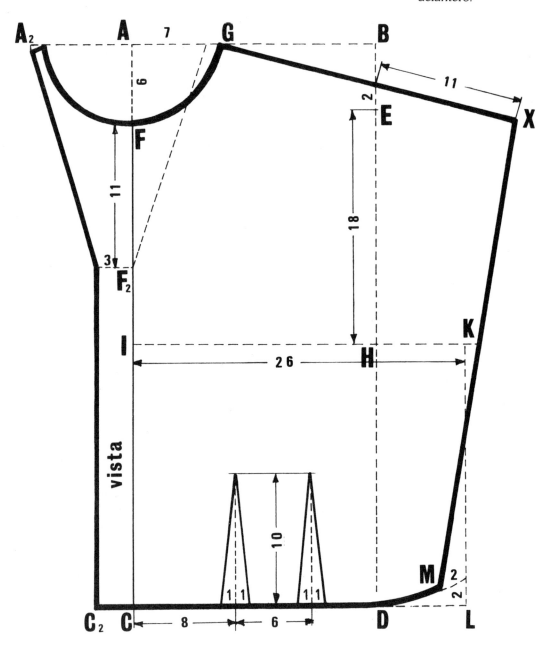

Figura 3. Patrón del delantero.

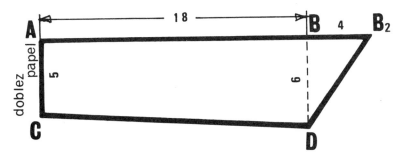

Figura 4. Patrón del cuello.

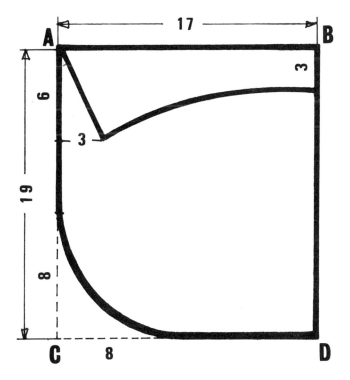

Figura 5. Patrón del bolsillo.

La cartera se dibuja sobre el bolsillo, tal como se ve en la figura 5, y después se calca en papel transparente.

Patrón de la falda

Como se trata de una falda de media capa, puede servirle de referencia el patrón explicado en el capítulo 10 del Volumen 1.

Confección del modelo

La confección de este modelo es sencillísima.

Armaremos primero el cuerpo, empezando por hilvanar los hombros (desde G a X), las pinzas de la cintura y los costados.

La bocamanga se remata con un dobladillo corriente. La vista se dobla hacia adentro y se cose su borde con un punto de lado muy menudo, procurando que no se noten las puntadas por el lado derecho de la prenda.

Después se cose la costura de la falda, dejando un espacio de unos 10 cm sin coser junto a la cintura.

Al unir la falda al cuerpo haremos coincidir la abertura del delantero con la abertura de la falda.

El cuello se coloca conforme a lo ya explicado en el capítulo 8 (Vol. 1). Haremos coincidir el punto D del cuello con el punto F del escote.

do hasta la falda, unos 10 cm por debajo de la cintura.

Los bolsillos se confeccionan aparte y se prenden con alfileres en la segunda prueba, a la altura deseada.

Patrón para kimono

El patrón que vamos a explicar ahora es de fácil realización. Se emplea para kimonos y batas.

Explicaremos este ejemplo con las medidas siguientes:

Ancho de espalda	40 cm
Largo de talle	43 cm
Altura de hombro	38 cm
Contorno de cuello	36 cm
Sisa (mitad de su vuelta)	18 cm
Contorno de pecho: 90 más 6	96 cm
Altura de cadera	18 cm
Contorno de cadera: 96 más 4	100 cm
Largo total de espalda	102 cm
Largo total de delantero	104 cm
Largo total de manga	54 cm

Advertimos que para las prendas japonesas que no sean entalladas, las medidas deben tomarse con bastante holgura, puesto que la característica de estas prendas es su amplitud.

Patrón de la espalda

Empezamos trazando el patrón-tipo largo recto en la forma conocida, exceptuando la línea del hombro y la curva de la sisa (Fig. 6). Después, lo transformaremos en japonés de la manera siguiente:

Alargaremos la línea AB hacia la derecha, con el largo total de manga, 54 cm, y marcaremos el punto Y. Después se traza desde Y una paralela a BH y con su misma medida, señalando el punto Z. Este punto lo unimos con la línea de pecho.

Finalmente redondearemos la unión del costado con la manga, para lo cual, desde K hacia Z, marcaremos 10 cm con el punto K_2. Desde K hacia abajo, marcaremos otros 10 cm, señalando el punto K_3. Por último se dibuja una curva suave desde K_2 a K_3, tal como se ve en la figura 6.

Patrón del delantero

Para trazar el patrón del delantero puede servirnos el patrón de espalda con algunas modificaciones (Fig. 7).

Se baja el escote 6 cm, es decir, 1 cm menos que la medida de ancho de escote. Se alarga 2 cm la línea AC_2, puesto que el largo total del delantero es 2 cm más largo que la espalda. El bajo se rectifica después, según muestra la figura 7.

Por último se añaden 10 cm para cruce y 18 para la vista. A la vista se le da el ancho del cruce, más el ancho del escote, más 1 cm.

El doblez de la solapa empieza en la línea de centro a la altura de la cintura, y termina en G.

Habrá usted observado que la línea de pecho delantero mide igual que en la espalda, es decir, que al delantero no le hemos aumentado los 2 cm de holgura. Esto es debido a que si el delantero japonés le añadiéramos 2 cm en la línea de pecho, la costura del costado correría hacia la derecha, y en este caso, al hacer el hilvanado el delantero no coincidiría bien con la espalda.

Puesto que se trata de prendas muy amplias, basta con tomar las medidas con bastante holgura.

En los modelos japoneses entallados seguiremos un procedimiento distinto para dar holgura al delantero.

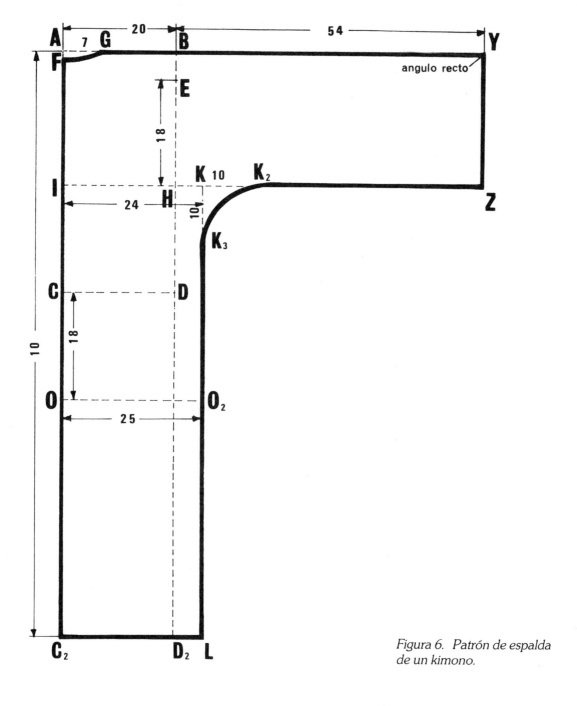

Figura 6. Patrón de espalda de un kimono.

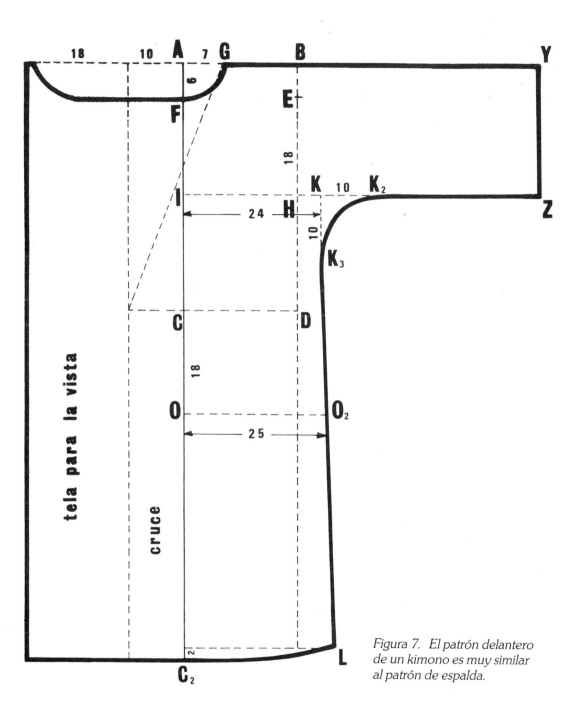

Figura 7. El patrón delantero de un kimono es muy similar al patrón de espalda.

Segundo modelo de vestido japonés

Se trata de un elegante modelo japonés entallado. No lleva cuello, y la espalda es completamente lisa (Fig. 8).

La falda lleva dos bolsillos cortados.

Para la explicación de este modelo emplearemos las medidas siguientes:

Ancho de espalda	40 cm
Largo de talle espalda	42 cm
Largo de talle delantero	44 cm
Altura de hombro	37 cm
Contorno de cuello	36 cm
Sisa (mitad de su vuelta)	18 cm
Contorno de pecho: 90 más 6	96 cm
Vuelta de cintura	72 cm
Altura de cadera	18 cm
Contorno de cadera: 96 más 4	100 cm
Largo de la falda	64 cm
Largo de manga	60 cm

Para todas las prendas japonesas, el ancho total de espalda debe tomarse con 2 o 3 cm más que la medida justa.

Trazado del cuerpo

Patrón de la espalda

Se empieza trazando el patrón-tipo corto, no siendo necesario dibujar la línea de sisa para este patrón (Fig. 9).

La manga la dibujaremos del modo siguiente:

Mediremos la distancia HD, y esta medida, más 2 cm, la pondremos desde L, hacia la derecha, y señalamos el punto con la letra L_2. La distancia LL_2 se llama inclinación de manga.

Desde K, hacia abajo, pondremos 5 cm, señalando el punto K_2, y trazamos a continuación una línea desde K_2 a L_2.

Seguidamente con ayuda de la escuadra trazamos un ángulo recto, para lo cual apoyaremos un canto de la escuadra en la línea K_2L_2, y el otro canto que forma el ángulo lo apoyamos en K. El vértice que forma el ángulo recto lo señalamos con la letra P.

Figura 8. Modelo de vestido japonés entallado con manga larga.

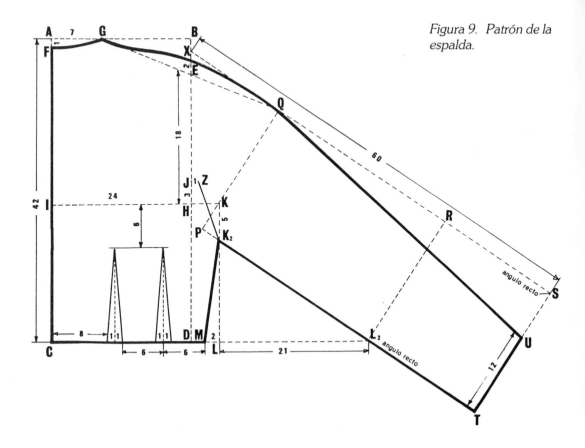

Figura 9. Patrón de la espalda.

A continuación prolongamos la línea del hombro GE y la línea PK y en el punto donde se encuentren marcamos el punto Q.

Desde L_2, trazamos una paralela a PQ, con su misma medida, y señalamos el punto R.

Después trazaremos la línea RQ, la cual la prolongaremos hasta la línea BD, señalando el punto X. La línea XR hay que prolongarla con el largo total de manga, que en este caso son 60 cm, y señalamos el punto S. Desde este punto trazamos una paralela a L_2 R con su misma medida y señalamos el punto T, el cual lo uniremos mediante una línea con el punto L_2.

A continuación señalaremos en el bajo de la manga la anchura que deseemos, en este caso hemos puesto 12 cm, y lo señalamos desde T a S con la letra U.

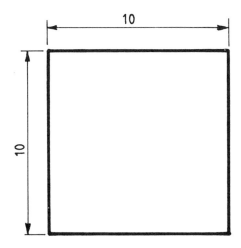

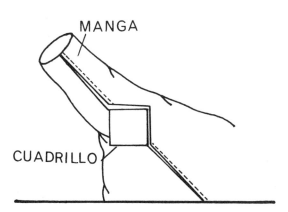

*Figura 10. Patrón de la pieza
que lleva la manga para darle
holgura.*

*Figura 11. Forma de colocar
la pieza en la unión de la
manga con el costadillo.*

Desde U trazaremos una línea hasta Q, que será la costura exterior de la manga.

El hombro lo redondearemos con una curva suave desde G a Q, pasando a 2 cm por encima de E, tal como se ve en la figura 9.

En la unión de esta curva con el punto Q, hay que procurar que no se forme la menor esquina, haciendo la unión muy suave.

Este modelo japonés lleva en la unión de la manga con el costado una abertura, la cual está tapada con un trozo de tela cuadrado, cuya finalidad es dar holgura a la manga. Vamos, pues, a señalar en el patrón el lugar donde hay que hacer dicha abertura.

Desde H se suben 3 cm señalando el punto J, y después desde J, hacia la derecha, se marca 1 cm con el punto Z, desde el cual trazaremos la línea ZK_2, que indica el lugar de la abertura.

En la figura 10 podemos ver el patrón correspondiente a la pieza que hay que coser en la abertura, y en la figura 11 la manera de colocar dicha pieza.

Finalmente dibujaremos las pinzas de entalle.

Si la línea de pecho mide 24 cm y la cuarta parte de cintura son 18, la diferencia es de 6 cm, los cuales hay que entallarlos en el costado y en la cintura.

En este costado pondremos 2 cm, y señalamos el punto con la letra M, y los otros 4 cm los repartimos entre dos pinzas, es decir 2 cm cada una.

La primera pinza la pondremos a 8 cm de C, como puede ver en la figura 9. La segunda la pondremos justamente en la mitad de la distancia que hay entre la primera pinza y el punto M. El extremo de ambas pinzas queda a 6 cm de la línea de pecho.

Después unimos el punto K_2 con M, que será la costura del costado, y queda terminado el patrón de espalda.

Patrón del delantero

El delantero tiene como base el patrón de espalda que acabamos de explicar. Por lo tanto, para trazar el delantero nos serviremos del patrón de espalda, el cual lo calcaremos a otro papel para hacerle las modificaciones precisas. En la figura 12 se ve la espalda dibujada con líneas de rayitas y puntos, y el delantero con líneas gruesas.

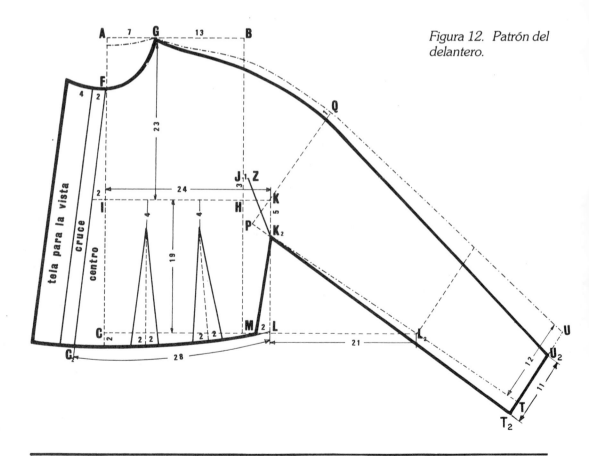

Figura 12. Patrón del delantero.

Observe usted que ambos patrones son distintos en los detalles siguientes: bajada de escote, largo de talle, hombro, inclinación de la manga y anchura de la misma.

Para que los modelos japoneses sienten bien son indispensables estos detalles:

1.º Que el hombro delantero quede más inclinado que en la espalda.

2.º Que la manga delantera resulte más caída y 1 cm más estrecha.

Así, pues, el hombro del delantero lo trazaremos 1 cm más bajo que el de la espalda y paralelo a éste, hasta el punto Q. (No debe olvidarse de señalar todos los puntos con sus respectivas letras, al calcar la espalda.)

Para que la manga delantera resulte más caída, disminuiremos la inclinación de la misma 2 cm, línea LL_2, haciendo pasar la costura de sangría, línea K_2T, a 2 cm de L_2, quedándonos así la línea K_2T_2.

La bocamanga medirá 1 cm menos que en la espalda, por lo que desde el punto T_2, que es el extremo de la línea de sangría, pondremos una distancia de 11 cm, que señalamos con la letra U_2. Este punto lo unimos con la línea del hombro que anteriormente habíamos trazado y tenemos dibujada la manga. Vea la figura 12.

La línea AC la hemos alargado 2 cm, ya que el largo de talle delantero es más largo que el de la espalda, por lo que la línea de cintura forma una ligera curva.

Para dar la holgura necesaria al delantero, alargaremos la línea de pecho 2 cm por la parte central del delantero, y después modificaremos la línea de centro, trazándola desde F a C_2.

Ya habrá usted observado que al alargar la línea de pecho ha aumentado también el vuelo de la cintura, por lo que haremos las pinzas más profundas que en la espalda.

Para saber la profundidad que han de tener las pinzas mediremos la distancia que hay entre C_2L. Suponiendo que tiene 28 cm y la cuarta parte de la cintura son 18 cm, la diferencia entre las dos medidas son 10 cm, que entallaremos en la línea de costado y en la cintura.

En el costado entallamos 2 cm, y el resto, 8 cm, los repartimos entre las dos pinzas, o sea 4 cm cada una. La primera la colocaremos a 8 cm del punto C_2. La segunda irá en la mitad de la distancia comprendida entre la primera pinza y el punto M. Como puede ver en la figura 12, esta pinza quedará un poco inclinada porque para trazarla hemos de poner un canto de la escuadra apoyado en la línea de cintura y el otro canto, que forma ángulo recto, nos servirá para señalar el centro de la pinza, que en el dibujo está señalada con una línea de trazos. Los extremos de ambas pinzas distan 4 cm de la línea de pecho.

Finalmente aumentaremos 2 cm para cruce, desde F y C_2 respectivamente, y 4 cm para la vista.

Conviene recordar que la vista sirve para recubrir la tela del cruce por el revés.

Trazado de la falda

Patrón de la trasera

Para realizar este patrón trazaremos el patrón-tipo de falda con pinza del capítulo 3 (Vol. 1) dándole 4 cm de vuelo en la costura del costado por la parte del bajo.

Patrón de la delantera

Se traza primero el patrón-tipo de falda recta, dándole 4 cm de vuelo en la costura del costado (Fig. 13).

Después puesto que la abertura del delantero se prolonga hasta la falda, añadiremos al centro de la misma 2 cm para el cruce y 4 cm para la vista. La abertura llegará hasta unos 16 cm por debajo de la cintura y señalamos el punto con la letra E.

Para dibujar el bolsillo pondremos, a 6 cm de I, el punto X y a 7 cm de F el punto Y. Después trazaremos una recta desde X a Y, y en el centro de esta línea bajaremos 2,5 cm, señalando el punto Z. Finalmente, se dibuja la curva XY, pasando por Z, tal como se ve en la figura 13.

A la pieza XBY, le añadiremos un trozo en la parte inferior para formar el interior del bolsillo. En la figura 13 está señalado con una línea de trazos pequeños.

Antes de recortar el patrón hay que calcar la pieza XBY, con el trozo añadido. Después se recorta el patrón por todo su contorno y por la línea XZY.

Aplicación de los patrones sobre la tela y confección del modelo

La aplicación de los patrones sobre la tela la hará usted en la siguiente forma:

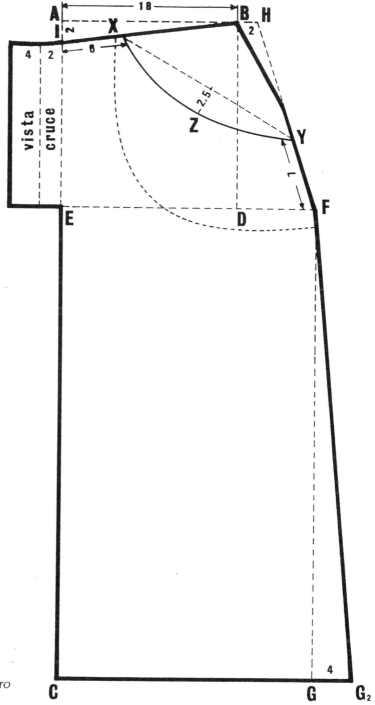

Figura 13. Patrón delantero de la falda.

La espalda y delantero los aplicará sobre tela doble en dirección del hilo de la misma. El centro de la espalda la hará coincidir con el doblez de la tela, con objeto de que salga completa, es decir, sin costura en el centro.

La falda también la cortará sobre tela doble. El patrón de la delantera lo aplicará en la tela tal como se ve en la figura 14. Ya dijimos anteriormente que el trozo para el fondo del bolsillo ha de ir unido a la pieza XBY, por tanto, hay que calcar dicha pieza en papel transparente y cortarla por separado del resto del patrón.

La confección de este modelo no ofrece ninguna dificultad. Se hilvanan las costuras de los hombros, mangas y costados, uniendo espalda con delantero. En el corte de la sisa se hilvana el cuadradillo por el revés del vestido (figura 11), para lo cual prenderá sus cuatro esquinas con alfileres en los extremos del corte.

Al efectuar la primera prueba observaremos todos los detalles. Si fuera necesario, se corregirá la línea de escote señalándolo con el jaboncillo. Después se cortan unos pequeños piquetes en el margen de costura del mismo y se dobla hacia adentro por todo su borde. En fin, se efectuarán las oportunas rectificaciones conforme a lo explicado en lecciones anteriores.

Japonés de manga corta sin cuadradillo

El trazado de este patrón es sencillísimo y es muy parecido al que hemos realizado en el primer modelo de vestido japonés. Emplearemos las mismas medidas que hemos utilizado para el primer modelo.

Patrón de la espalda

Empezamos realizando el patrón-tipo, pero dejaremos sin dibujar la curva de la sisa (Fig. 15).

Desde E subimos 2 cm, y trazamos la línea del hombro desde G hasta este punto. Prolongando dicha línea 15 cm señalamos el punto con la letra X.

El bajo de la manga lo trazamos formando ángulo recto con la línea del hombro. Para ello ponemos el ángulo recto de la escuadra en el punto X y trazamos la línea XY. El punto Y nos vendrá dado por la unión de la costura de sangría con el bajo de la manga.

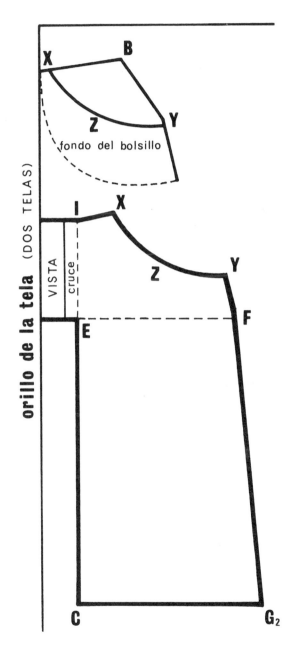

Figura 14. El patrón de la
falda se coloca sobre dos telas,
haciendo coincidir el borde de
la vista con el orillo de la tela.
El bolsillo se corta completo y
separado del patrón.

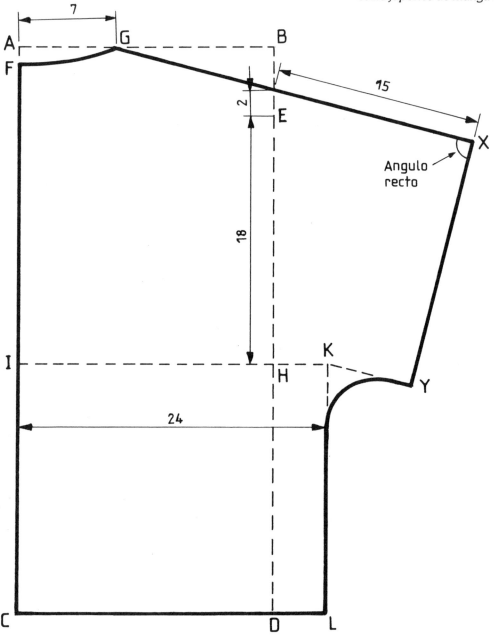

Figura 15. Patrón corto de la espalda de una prenda de estilo japonés de manga corta.

Figura 16. Patrón del delantero.

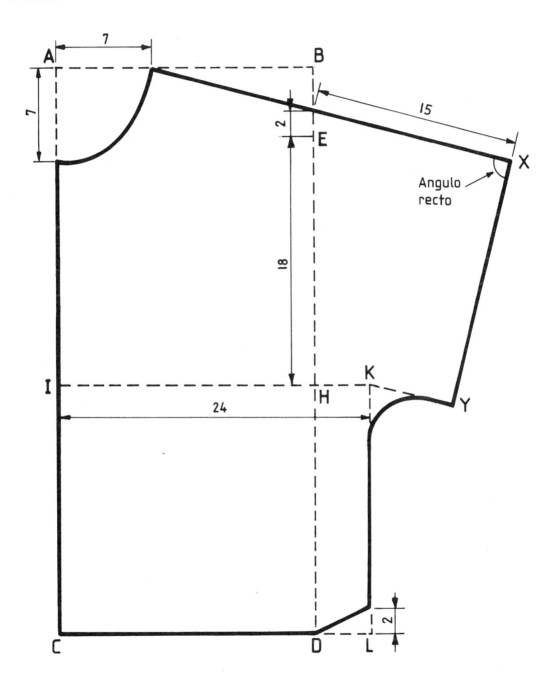

La costura de sangría se traza paralela a la línea del hombro, empieza en K y termina en Y. Finalmente redondearemos la unión del costado con la manga como se ve en la figura 15.

En este patrón no se puede prolongar el hombro más de 15 cm, porque no lleva cuadradillo y tiraría la manga.

Patrón del delantero

Este patrón es exactamente igual que el de la espalda, con la diferencia de que el largo de talle tiene 2 cm más y la bajada de escote es igual que la anchura del mismo.

La línea de costado la subiremos 2 cm desde L y modificaremos la línea de cintura desde D hasta dicho punto. Vea el trazado del patrón en la figura 16.

2

Los abrigos

Primer modelo de abrigo de línea amplia

El primer modelo que presentamos es un abrigo amplio y de sisas muy alargadas. Las mangas no llevan nada de frunce (Fig. 1).

Las medidas que emplearemos para realizar los patrones de este modelo son las siguientes:

Ancho de espalda	38 cm
Largo de talle espalda	42 cm
Largo de talle delantero	44 cm
Altura de hombro	37 cm
Contorno de cuello	36 cm
Sisa (mitad de su vuelta)	19 cm
Contorno de pecho: 88 más 4	92 cm
Altura de cadera	18 cm
Largo total de espalda	102 cm
Largo total de delantero	104 cm
Largo de manga	60 cm

Trazado de la espalda

Empezaremos trazando el patrón-tipo largo recto con las modificaciones siguientes:

La línea de pecho la alargaremos 5 cm desde K y señalamos el punto K_2 (Fig. 2).

A la línea de cadera le daremos la misma medida que hay entre IK_2 y, después, para conseguir más vuelo en el bajo, le añadiremos 4 cm desde 0, hacia la izquierda, y 2 cm desde O_2, hacia la derecha. Si se desea mayor vuelo se podrán añadir 6 cm en O y 4 cm en O_2.

Desde K_2 trazamos una línea que pase por el punto marcado a 2 cm de O_2 y termine en la línea del bajo, con un punto que llamaremos L.

Teniendo en cuenta la desproporción que hay entre la línea de pecho y el ancho de espalda, marcaremos el punto J en el centro de la distancia EH, y de esta forma conseguiremos que la curva de la sisa quede más suave.

Para dar más holgura a la sisa, bajamos 4 cm desde K_2 y señalamos el punto K_3. Después trazamos la curva de la sisa desde E, entrando 0,5 cm por el centro de la distancia EJ, pasa por K y termina en K_3. Vea el trazado de esta curva en la figura 2.

La línea de costado irá desde K_3 hasta L.

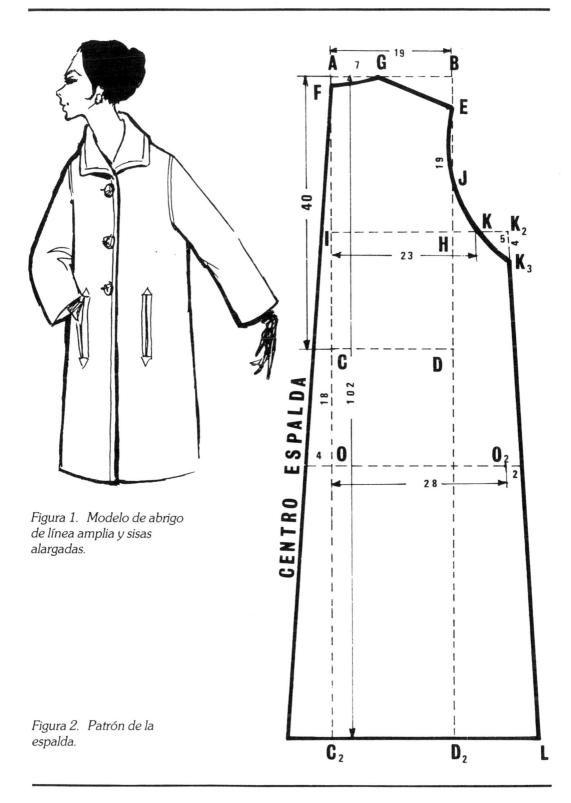

Figura 1. Modelo de abrigo
de línea amplia y sisas
alargadas.

Figura 2. Patrón de la
espalda.

Trazado del delantero

El patrón delantero también se traza sobre el patrón-tipo largo recto (Fig. 3).

La línea de pecho medirá 23 cm, desde I a K, como en la espalda, o sea la cuarta parte de la vuelta de pecho, y le aumentaremos 5 cm desde K a K_2. La razón de que a la línea de pecho le pongamos la misma medida que en la espalda, es decir sin los 2 cm de aumento, es porque lleva suficiente holgura con los 5 cm que aumentamos desde K a K_2.

A la línea de cadera le añadiremos 2 cm desde O_2, y después trazamos una línea desde K_2, que pase por el punto situado a 2 cm de O_2 y termine en la línea del bajo con el punto L. Desde este punto subiremos los 2 cm que hay de desnivel entre el largo de espalda y delantero.

Para el cruce añadiremos 4 cm desde A y C_2 respectivamente, señalando dichos puntos con las letras A_2 y C_3, los cuales los uniremos mediante una recta.

Para dibujar el cuello prolongaremos la curva del escote hasta el borde del cruce, señalando el punto F_2. Desde este punto bajamos 10 cm y señalamos el punto X. Unimos X con G mediante una línea, la cual prolongaremos tantos centímetros como tenga la curva del escote de la espalda, que en este ejemplo son 8 cm, señalando este punto con la letra G_2. La distancia GG_2 es el borde del cuello que ha de ir cosido con el escote de la espalda.

Después, con ayuda de la escuadra, trazamos el ancho del cuello. Para ello pondremos el ángulo recto de la escuadra en el punto G_2, de forma que uno de los cantos de la escuadra esté sobre la línea XG_2 y en el otro canto trazaremos una línea con la medida que deseemos dar de ancho al cuello. En este caso hemos puesto 10 cm, y señalamos el punto G_3.

A continuación marcaremos 6 cm desde A_2, hacia la izquierda, con el punto A_3, el cual lo uniremos con G_3 mediante una recta. Después, desde A_3 trazaremos una curva suave hasta X, que pasará a 2 cm de F_2, como puede ver en la figura 3. El punto A_3 indica la punta del cuello. Para que éste siente mejor le daremos 1 cm de vuelo en el punto G_3.

El patrón de la vista se obtiene calcando todo el borde del delantero y cuello. En la parte inferior le daremos 6 cm de anchura y en la superior 1 cm más que la distancia G_3G_2.

La abertura del bolsillo la señalaremos a 12 cm de la línea de centro y con una largura de 16 cm. Observe la figura 3.

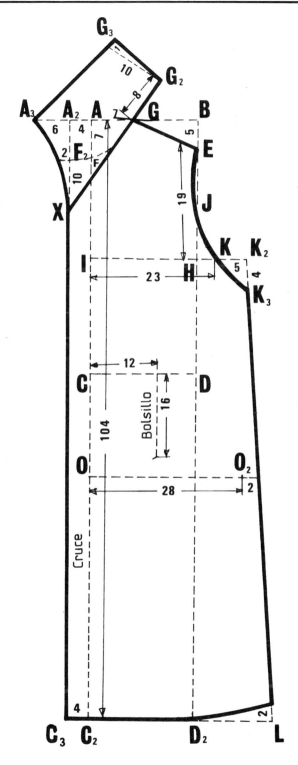

Figura 3. *Patrón del delantero.*

35

Patrón de la manga

Como las mangas de este modelo no llevan nada de frunce, requiere que la enmangadura sea más suave. También llevan costura en el centro y una pinza en la parte alta de la enmangadura para disminuir el vuelo, dándole a la vez una forma redondeada por la parte del hombro, a imitación de la manga japonesa.

Para realizar el patrón de la manga empezaremos trazando, con ayuda de la escuadra, un ángulo recto, y señalamos el vértice con el punto A (Fig. 3). Desde este punto, hacia abajo, pondremos el largo total de manga, que en este caso son 60 cm, y señalamos el punto con la letra B.

Desde el punto B, hacia la derecha, ponemos la medida de sisa, que son 19 cm, más los 4 cm que hemos escotado en la sisa del cuerpo, total son 23 cm, y señalamos el punto C. A partir de A, hacia la derecha ponemos la misma medida que de B a C, y señalamos el punto con la letra C_2, el cual uniremos mediante una línea con el punto C.

Desde C_2 ponemos la medida BC, menos 3 cm, es decir 20 cm, y señalamos el punto D.

La enmangadura trasera y la delantera son exactamente iguales, como puede ver en la figura 4.

Para realizar la enmangadura trazaremos una línea auxiliar de A a D, y en el centro de la misma marcaremos el punto F. Desde A, con dirección a D, mediremos 5 cm y señalamos el punto E. Desde E subiremos 2 cm y marcamos el punto I. En el punto medio de la distancia FD, bajamos 1 cm, y señalamos el punto H.

Para dibujar la pinza, pondremos desde A a C_2 1,5 cm y señalamos el punto A_2, y dese A a B pondremos 20 cm, señalando el punto X. A continuación trazamos una línea desde A_2 a X.

Después trazamos la curva de la enmangadura desde A_2, pasando por I, F, H y terminando en D. Observe el trazado en la figura 4.

En el bajo pondremos 15 cm de B a C, y señalamos el punto K, desde el cual bajaremos 1,5 cm para que la línea de sangría, que va desde este punto hasta D, quede un poco más larga, ya que las mangas, al confeccionarlas, suelen quedar justas en esa parte.

Confección del modelo

La confección de este modelo es muy sencilla. Todas sus piezas se cortarán al hilo. El centro de la espalda debe coincidir con el doblez de la tela para que salga de una pieza.

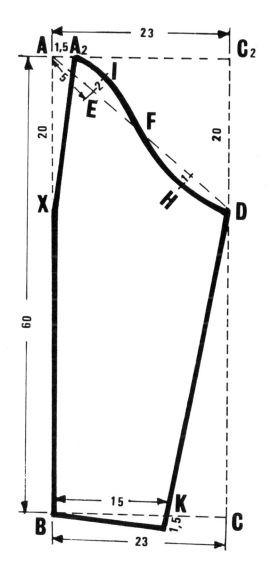

Figura 4. Patrón de la manga.

Las mangas las cortaremos por separado, o sea primero una y después otra. Y puesto que la enmangadura trasera y delantera son exactamente iguales, podremos cortarla con medio patrón sólo, aplicándolo sobre dos telas al hilo. Conviene recordar que esta manga es con costura en el centro y, por tanto, es necesario dejarle margen de costura por las líneas A_2XB.

La vista, después de calcada sobre el delantero, la cortaremos sobre tela doble, colocando el borde superior al hilo.

Para la confección del abrigo hilvanaremos primero las costuras de los hombros y costados, teniendo en cuenta los aplomos que habremos marcado.

A continuación se prepara la manga derecha, empezando por hilvanar la costura del centro y la de sangría. Estas costuras las coseremos después con costura corriente.

Al hilvanar la manga al cuerpo no frunciremos la enmangadura, pues a estas mangas no les queda vuelo, y en caso de que les sobrara sería porque se habría colocado un poco tirante. El punto A_2, o sea el centro de la manga, lo haremos coincidir con la costura del hombro.

Las hombreras de este modelo serán de forma japonesa, como las explicadas en el capítulo 7 (Vol. 1) y con muy poca guata.

En la prueba haremos todas las rectificaciones que sean precisas. Si observamos que el cuello produce tiranteces, sacaremos un poco la costura de atrás hasta que la solapa siente bien.

En el punto X del patrón delantero se marca el primer ojal y a continuación se señalan los otros dos, procurando que entre uno y otro quede la misma distancia. Después se confeccionan antes de coser la vista.

Los bolsillos los confeccionaremos de ribete, como los explicamos en el capítulo 8 (Vol. 1). Los extremos están rematados con un punto de mosca, hecho con hilo de torzal del color de la tela.

La vista la colocaremos encarada con el derecho de la prenda, haciendo que su centro coincida con el centro del cuello. Luego continuaremos hilvanando por el revés de la prenda, siguiendo las marcas de los bordes del cuello y cruce del delantero. Cosida a máquina esta costura, volveremos la vista hacia el revés del delantero. Su borde interior se remata a punto de lado.

Las hombreras se sujetarán en los bordes de la costura del hombro, pero antes es necesario que pasemos el pespunte de adorno que lleva la sisa. El borde exterior del cuello y solapa también llevan pespunte.

Para cortar el forro utilizaremos los mismos patrones del abrigo con las rectificaciones necesarias y lo confeccionaremos por separado igual que el abrigo, colocándolo después en la forma explicada en el capítulo 8 del volumen 1.

Segundo modelo de abrigo de estilo sastre

Presentamos ahora un abrigo clásico de señora en el estilo sastre (Fig. 5).

Figura 5. Modelo de abrigo de estilo sastre.

El delantero es cruzado, con dos hileras de botones. Lleva dos pinzas de entalle a cada lado y bolsillos de cartera.

La espalda lleva en el centro una costura de entalle.

La encimera del cuello y las carteras de los bolsillos son de terciopelo negro.

Para el estudio de este ejemplo emplearemos las medidas siguientes:

Ancho de espalda	38	cm
Largo de talle espalda	42	cm
Largo de talle delantero	44	cm
Altura de hombro	37	cm
Contorno de cuello	36	cm
Sisa (mitad de la vuelta)	19	cm
Contorno de pecho: 88 más 4	92	cm
Contorno de cintura: 72 más 4	76	cm
Altura de cadera	18	cm
Contorno de cadera: 96 más 4	100	cm
Largo de espalda	102	cm
Largo total delantero	104	cm

Las medidas de la manga las indicaremos en la explicación del trazado de la misma.

Trazado de la espalda

Comenzamos trazando el patrón-tipo largo recto dándole el largo total de abrigo, 102 cm en este ejemplo (Fig. 6).

Después ensancharemos el hombro 1 cm desde E.

Desde C, hacia abajo, marcaremos la altura de cadera señalando el punto O, desde el cual trazaremos la línea OO_2, midiendo en ella la cuarta parte de la vuelta de cadera que son 25 cm.

A continuación calcularemos el entalle del abrigo, que, como sabemos, es la diferencia que hay entre la línea de pecho y la cuarta parte de la vuelta de cintura. Son, pues, 4 cm, los cuales los repartiremos en dos partes iguales, poniendo una parte, o sea 2 cm en la costura del costado, de L a M, y los otros 2 cm en la costura central.

Ahora marcaremos desde F, hacia abajo, una distancia de 11 cm, señalando dicha distancia con el punto T. La línea de centro la trazaremos desde T a M_2 y desde M_2, pasando por O, hasta el bajo, señalando el punto con la letra C_3.

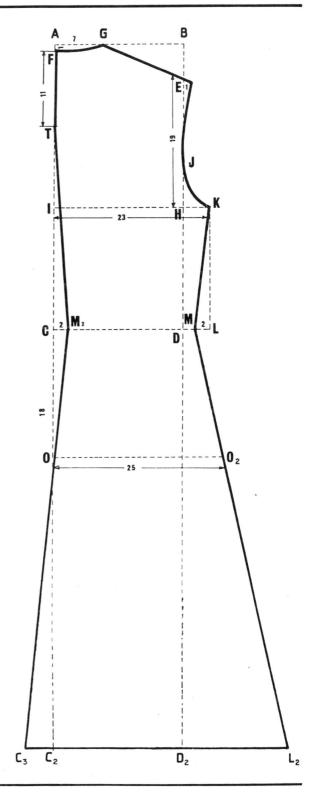

Figura 6. Patrón de la espalda.

Finalmente trazaremos la línea del costado desde K a M, y desde este punto continuamos la línea por O_2 hasta el bajo, señalando el punto L_2.

Trazado del delantero

Trazaremos, en primer lugar, el patrón-tipo del delantero recto, con el largo total que son 104 cm, o sea 2 cm más que en la espalda (Fig. 7).

Entre B y E marcaremos igual distancia que en la espalda, 5 cm. El hombro lo elevaremos 2 cm, y lo ensancharemos 1 cm. Entre A y G pondremos la medida de ancho de escote, o sea la sexta parte del contorno de cuello más 1 cm y en este ejemplo son 7 cm. De bajada pondremos 8 cm, uno más que de ancho.

La línea de pecho medirá 2 cm, más que en espalda.

En la línea de cintura y cadera subiremos los 2 cm de desnivel de delantero.

En el patrón de la espalda, el entalle total es de 4 cm y en el delantero de 6 cm, es decir, 2 cm más para rebajar el aumento que dimos a la línea de pecho. A pesar de que a los abrigos de este estilo no se les debe poner excesivo entalle, rebajamos estos 2 cm, porque como al contorno de cintura le hemos aumentado 4 cm quedará suficiente holgura.

Repartimos el entalle poniendo en el costado 2 cm, y señalamos el punto con la letra M. Los 4 cm restantes los repartimos en la cintura en dos pinzas de 2 cm de profundidad cada una.

El centro de la primera pinza lo pondremos a 8 cm de C, y la otra pinza la colocamos a 3 cm de la anterior. Ambas acaban por arriba a 7 cm de la línea de pecho y por abajo a otros 7 cm de la línea de cadera.

Para el cruce aumentaremos 8 cm desde A y C_2 respectivamente y señalamos los puntos A_2 y C_3.

Después dibujaremos la pinza que este modelo lleva en el escote, debajo de la solapa. Para ello, señalaremos en el centro de la distancia FI el punto Z, y a 5 cm, hacia la derecha de éste marcaremos otro punto que llamaremos Z_2, en el cual termina la pinza. En el escote, a 1 cm de F, señalamos un punto y a 3 cm de éste, que es la profundidad que damos a la pinza, marcamos otro punto. Unimos ambos puntos con Z_2 y tenemos dibujada la pinza.

A continuación desde F, hacia la izquierda, pondremos 2,5 cm y señalamos el punto F_2. Desde A_2, hacia abajo, señalamos una distancia de 4,5 cm, con el punto X. Después prolongamos la línea de pecho hasta la línea de cruce y desde este punto bajamos 8 cm, señalando la letra Y. Uniendo los puntos XF$_2$ por medio de una recta y trazando una curva muy suave desde X a Y, nos queda dibujada la solapa.

Para facilitarnos el trazado de esta línea ligeramente curva, marcaremos el punto medio de la distancia XY, desde el cual sacaremos 1 cm, por el que ha de pasar la curva. Vea la figura 7.

La cartera del bolsillo la colocaremos en la posición que indica la figura 7. Observe que está dibujada por debajo de la línea de cintura y ligeramente inclinada hacia la línea del costado.

La vista es postiza, por lo tanto se corta aparte, calcando el borde del delantero y escote, es decir, C$_3$, Y, X y G, pero teniendo en cuenta que en el escote hemos de rebajar los 3 cm que hemos dado de profundidad a la pinza, ya que la vista no debe llevarla. En la parte inferior le pondremos una anchura de 8 cm y desde este punto trazamos una línea hasta G. En la figura 8 puede ver dibujada la vista.

Patrón del cuello

Para realizar el patrón del cuello, trazaremos un rectángulo que tenga de ancho 8 cm, o sea la anchura que deseemos dar al cuello, y de largo, la mitad de la medida completa de escote del delantero y espalda, es decir 20 cm. Señalamos los cuatro vértices del rectángulo con las letras A, C, D y B (Fig. 9).

Desde A y C subiremos 2 cm y señalamos los puntos E y F.

En el centro de la distancia BD marcaremos el punto G. Después, desde D hacia C mediremos 1 cm y señalamos el punto H. A continuación trazaremos una recta desde G a H, y dos ligerísimas curvas desde E a G y desde F a H.

La manga sastre. Patrón-tipo

Esta manga es la que se emplea en todas las prendas de estilo sastre.

Se compone de dos piezas llamadas encimera y bajera.

Como el patrón completo resulta un poco complicado, presentamos en la figura 10 ambas piezas separadas, en las cuales están detalladas las distintas partes de esta manga.

Para el trazado de este patrón necesitamos tomar las medidas siguientes:

Largo total de manga, medida de sisa, contorno de codo y contorno de muñeca.

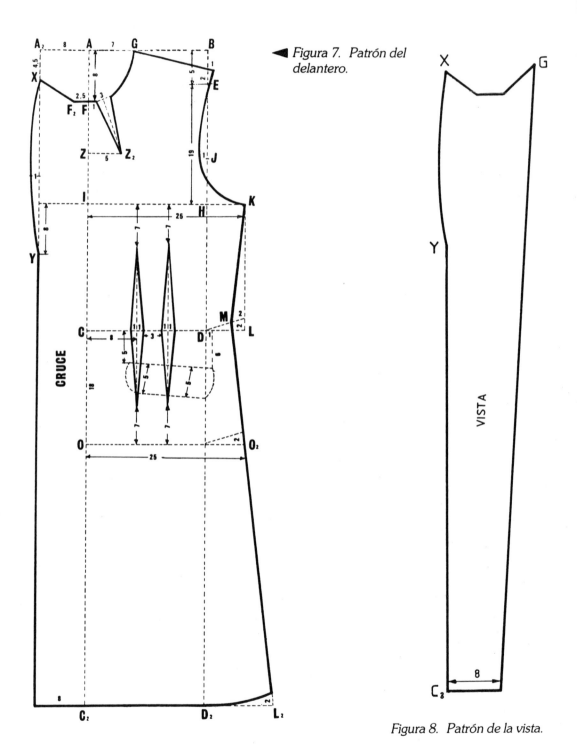

◀ *Figura 7. Patrón del delantero.*

Figura 8. Patrón de la vista.

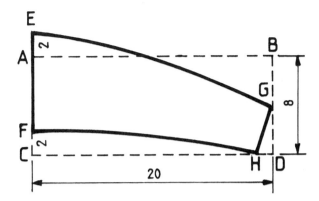

Figura 9. Patrón del cuello.

Figura 10. La manga de estilo
sastre se compone de dos
piezas: la encimera y la bajera,
y se han de cortar por
separado sobre la tela.

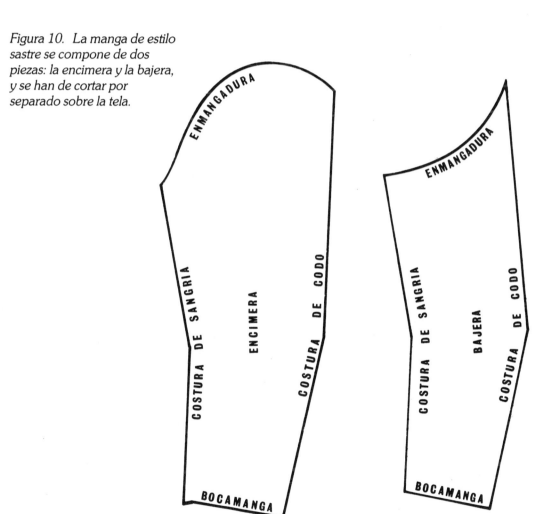

En estas mangas es preciso dar siempre la holgura siguiente:

8 cm al contorno de codo, 10 cm al contorno de muñeca y 1 cm a la medida de sisa.

Para realizar el patrón de la manga del modelo de abrigo sastre que estamos estudiando, dibujaremos el patrón-tipo de manga que a continuación vamos a explicar. Para dicho trazado emplearemos las siguientes medidas:

Largo total de manga	60 cm
Medida de sisa: 19 más 1	20 cm
Contorno de codo: 28 más 8	36 cm
Contorno de muñeca: 14 más 10	24 cm

Empezaremos el patrón trazando con la escuadra un ángulo recto, cuyo vértice señalamos con la letra A (Fig. 11).

Desde A, hacia abajo, ponemos el largo total de manga, y señalamos el punto con la letra C. Después ponemos la medida de sisa, que en este ejemplo son 20 cm, desde A, hacia la derecha, y señalamos el punto B.

Trazado de la encimera de la manga

Desde B, bajaremos 4 cm, como medida fija, y señalamos el punto D. A partir de A, hacia abajo, pondremos la medida de sisa, menos 5 cm, es decir 15 cm, y señalamos el punto E. Después marcaremos el punto F en la mitad de la distancia AB y a 1 cm a la izquierda de E marcaremos el punto G.

A la derecha del punto D pondremos 2 cm, y señalamos el punto H.

Desde el centro de la distancia AE, marcaremos 2,5 cm, hacia la derecha, con el punto X.

A continuación trazaremos la enmangadura de la encimera, la cual empieza en G, pasa por X, a 1 cm por debajo de F y a 2 cm por debajo de B, terminando en H. Vea la figura 11.

Para dibujar la costura de sangría y la bocamanga de la pieza encimera marcaremos los siguientes puntos:

Desde C, hacia arriba, señalamos 3 cm, con el punto I. En la mitad de la distancia EI, señalaremos el punto J.

A partir de C, hacia la derecha, pondremos la mitad del contorno de muñeca 12 cm y señalamos el punto con la letra K.

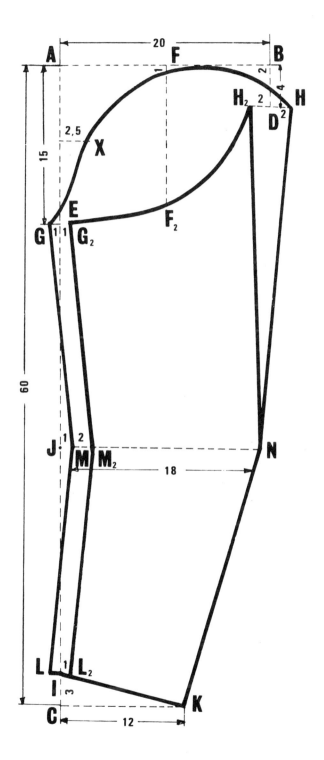

Figura 11. Trazado del patrón-tipo de la manga sastre.

47

A 1 cm a la izquierda de I señalaremos el punto L, y a 1 cm a la derecha de J, el punto M. A continuación trazaremos la línea GM y ML, que será la costura de sangría y LI e IK que será la bocamanga.

Para la costura de codo trazaremos, desde M, una línea paralela a AB, que medirá la mitad del contorno de codo, es decir 18 cm, y señalamos el punto N. La costura de codo la obtendremos trazando la línea HN y NK.

Trazado de la bajera

Para realizar el trazado de esta pieza, bajaremos desde F una línea paralela a AE, poniendo en ellas los mismos centímetros que hay entre A y E, menos 2 cm, es decir 13 cm, y señalamos el punto F_2 (Fig. 11).

A 1 cm, a la derecha de E, marcaremos el punto G_2, y a 2 cm a la izquierda de D señalamos el punto H_2.

A continuación trazamos la enmangadura de la bajera desde G_2, pasando por F_2 y terminando en H_2.

Después marcaremos a la derecha de I 1 cm, con el punto L_2. A la derecha del punto M ponemos 2 cm y señalamos el punto con la letra M_2. Estos puntos nos servirán para trazar la costura de sangría de la pieza bajera, que empieza en G_2, pasa por M_2 y termina en L_2.

La costura de codo la obtendremos trazando una línea desde H_2 a N, y de N a K, que ya está trazada.

Para recortar el patrón es necesario calcar primero la pieza bajera a un papel transparente siguiendo las líneas $G_2F_2H_2$, H_2NK, KL_2 y $L_2M_2G_2$.

La pieza encimera la forman las líneas GXH, HNK, KIL y LMG. En la figura 10 puede ver por separado ambas piezas.

Confección del modelo

Como de costumbre, cortaremos todas las piezas sobre tela doble en dirección del hilo. Cortadas todas las piezas y pasadas las señales comenzaremos a hilvanar las costuras de los hombros.

Para la primera prueba prepararemos la manga derecha, hilvanando primero la costura de sangría y después la de codo.

El cuello conviene cortarlo provisionalmente en entretela para, de esta forma, poder rectificarlo, si es preciso, en la primera prueba, sin estropear la tela.

La primera prueba la efectuaremos con las hombreras colocadas.

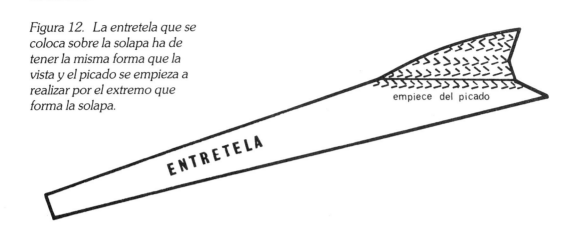

Figura 12. La entretela que se coloca sobre la solapa ha de tener la misma forma que la vista y el picado se empieza a realizar por el extremo que forma la solapa.

empiece del picado

ENTRETELA

La manga la sujetaremos con alfileres, de manera que su parte alta quede a unos 3 cm hacia adelante de la costura del hombro. Si es necesario escotaremos un poco la curva de la bajera o, por el contrario, la estrecharemos. El vuelo hay que repartirlo por igual y, después, embeberlo con la plancha. Cuando la manga quede bien sentada la hilvanaremos para coserla.

Para dar solidez a la solapa, le pondremos una entretela con la misma forma de la vista. Dicha entretela la colocaremos por el revés de la prenda sujetándola con un hilván por los bordes de la misma. Después es necesario cubrir con punto de picado la parte de entretela correspondiente a la solapa. (El punto de picado se explicó en el volumen 1). En la figura 12 se indica el lugar por donde comienza el picado. Conforme se va haciendo éste, se irá envolviendo el dedo índice izquierdo con la entretela, a fin de que la solapa vaya adquiriendo una forma abombada, y de esta forma, las puntas de la solapa no se doblarán hacia adelante. Efectuado el picado, se recorta la entretela a ras de la costura y se coloca la vista. En primer lugar la prenderá con alfileres por el derecho del delantero, encarada con éste, y después, por el revés, siguiendo la marca de los hilos flojos, se hilvana hasta el punto F_2 del patrón. A continuación se cose a máquina por el hilván y se recorta uno de los bordes de la costura más que el otro para evitar que abulten demasiado. En el margen de costura, por el punto F_2, conviene dar un pequeño piquete para que la costura del escote no se deforme.

Después volveremos la vista hacia el revés del abrigo, pasando por todo su borde un hilván, que quitaremos al acabar la prenda y una vez planchadas las solapas.

Figura 13. La entretela que va unida a la bajera del cuello se pica en dos direcciones. La parte que queda doblada se pica siguiendo la forma redondeada del doblez y el resto del cuello en otra dirección.

Colocadas las vistas, podemos hilvanar el bajo y colocar el forro. Conviene recordar que el forro del delantero solo llega hasta la vista.

Finalmente cortaremos el cuello en tela. Antes de coserlo colocaremos en la bajera una entretela con costura en el centro y el picado lo haremos en dos direcciones, o sea que llevará una dirección en el trozo que queda doblado, y otra en el resto del cuello. Para esto, necesitamos marcar, en la primera prueba, el borde del doblez que forma el cuello colocado en el escote, picando esta parte en redondo y el resto en liso, como se ve en la figura 13.

En la segunda prueba se observarán todos los detalles y se señalarán los ojales. La distancia entre las dos hileras de botones será igual a la anchura del cruce.

Las hombreras no hará falta forrarlas, puesto que van colocadas entre el forro y la tela.

El cuello lo coseremos del modo siguiente:

Hilvanaremos solamente la bajera (con la entretela) al borde del escote, y después de cosida esta costura la plancharemos abierta.

Después recortaremos el borde exterior de cuello, sin dejarle margen de costura, y colocaremos encima la pieza encimera, envolviendo con ella el borde del cuello y rematándola por detrás a punto de escapulario. La unión de la encimera del cuello con la solapa en el escote lo hará a punto escondido, doblando los bordes de las telas hacia adentro.

En el lugar indicado en el patrón, colocaremos los bolsillos.

3

Las capas
y el abrigo ranglán

Primer modelo de capa

El patrón que a continuación explicaremos se emplea mucho para capas cortas por ser el que queda con mayor vuelo, pero igualmente puede hacerse servir para capas largas.

Su trazado es muy sencillo. Empezaremos dibujando el patrón de espalda y delantero, corto recto, con arreglo a las medidas de la persona.

En el patrón delantero pondremos 2 cm para el cruce y 4 cm para la vista.

Una vez trazados y recortados dichos patrones, los colocaremos sobre un trozo grande de papel. Primero colocaremos la espalda de forma que la línea central de la misma coincida con uno de los bordes del papel. Vea la figura 1.

A continuación, colocaremos, sobre el mismo papel, el patrón del delantero, de manera que la línea del hombro se junte con la de la espalda por la esquina del escote, quedando separadas 1 cm por los extremos, punto E.

Así colocados los dos patrones, se sujetarán con alfileres para evitar que se corran, y se pasa el lápiz por los bordes de dichos patrones para que queden dibujados en el trozo grande de papel. De esta forma podemos levantar los patrones y continuar el trazado de la capa, que en realidad ya solo queda el redondeo de la misma. Al levantar ambos patrones señalaremos algunas letras como se ve en la figura 1.

Para redondear la capa con exactitud, es necesario que todos los puntos del bajo queden a igual distancia de la esquina del hombro delantero, punto E. Para esto, mediremos la distancia ED en el patrón del delantero, y después señalaremos unos cuantos puntos que disten de E los mismos centímetros que dé la distancia ED.

Finalmente dibujaremos una línea curva desde el costado de un patrón al costado del otro, pasando por todos los puntos que acabamos de marcar en el bajo.

Con este patrón podremos cortar una capa corta, o sea hasta la cintura. Si deseamos hacerla más larga, trazaremos los patrones de espalda y delantero con el largo deseado.

Si la tela tiene suficiente anchura, cortaremos la capa de una sola pieza, para lo cual haremos coincidir la línea del centro de la espalda con el doblez de la tela. En caso contrario, llevará costura en el centro de la espalda.

Figura 1. Patrón de capa corta con abundante vuelo.

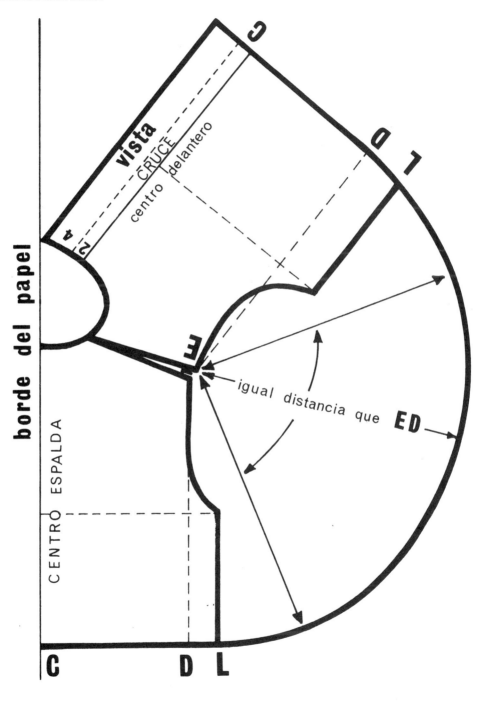

Segundo modelo de capa

Este patrón también se dibuja a base de los patrones de espalda y delantero, corto recto.

Tienen menos vuelo que el modelo anterior y lleva pinza en el hombro.

Su trazado es de la siguiente forma:

En primer lugar dibujaremos los patrones de espalda y delantero corto recto.

Después, en un papel grande trazaremos un ángulo recto análogo al que trazamos para la falda de media capa en el capítulo 10 (Vol. 1).

Desde X a Y pondremos una medida cualquiera, por ejemplo, 46 cm (Fig. 2).

Esta misma medida la pondremos desde X a Z. Desde Y a Z trazaremos una línea y señalaremos su punto medio, por el cual haremos pasar la línea XX_2.

A continuación colocaremos los patrones de espalda y delantero sobre el ángulo que acabamos de trazar, de modo que el centro de la espalda coincida con la línea XZ, y la línea central del delantero con la línea XY, procurando, al mismo tiempo, que la esquina del hombro de ambos patrones (punto E) coincida con la línea XX_2. Vea la figura 2.

Colocados así los patrones pasaremos el lápiz por sus bordes para que queden dibujados en el papel. Hecho esto levantaremos los patrones y marcaremos el bajo de la capa. Para ello trazaremos una línea curva desde el costado de un patrón al costado de otro.

Tercer modelo de Capa

Este modelo de capa lleva costuras en los costados. Emplearemos para realizar el patrón las siguientes medidas:

Ancho de espalda	40 cm
Largo de talle	42 cm
Altura de hombro	37 cm
Contorno de cuello	36 cm
Sisa (mitad de su vuelta)	18 cm
Contorno de pecho: 92 más 4	96 cm
Altura de cadera	18 cm
Vuelta de cadera: 96 más 4	100 cm
Largo total de espalda	102 cm

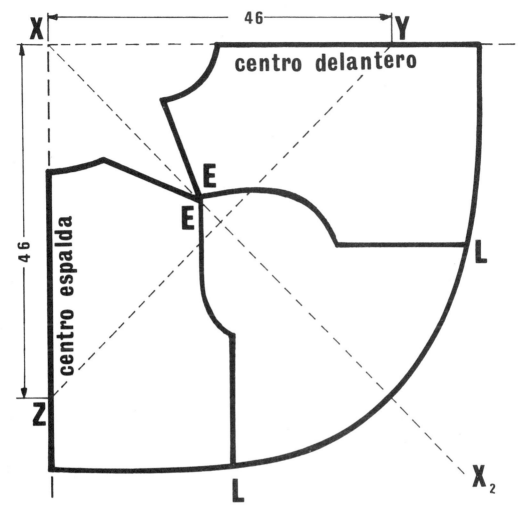

Figura 2. Patrón de capa corta con pinza en el hombro.

Trazado de la espalda

En primer lugar trazaremos un patrón de espalda largo recto. No es necesario que tracemos la línea de sisa en este patrón. Desde el punto E subiremos 2 cm señalando el punto E_2, y trazaremos la línea del hombro desde G a E_2 (Fig. 3).

Después alargaremos la línea de pecho desde K, poniendo la mitad de su medida más 1 cm, o sea 12 más 1 igual a 13 cm, y marcaremos el punto K_2.

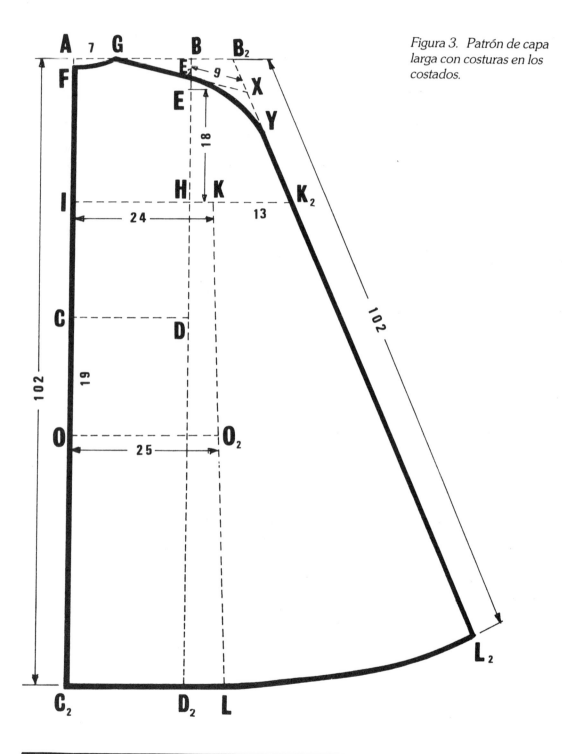

Figura 3. Patrón de capa larga con costuras en los costados.

A continuación prolongaremos el hombro desde E_2 a X, poniendo en dicha distancia la medida de KK_2 menos 4 cm, que son 9 cm, y señalamos el punto X. Después trazaremos la línea K_2X.

Las líneas AB y K_2X las prolongaremos hasta que se encuentren en un mismo punto que llamaremos B_2.

La línea B_2K_2 la prolongaremos poniendo desde B_2 la misma medida de AC_2, o sea el largo total de espalda, que son 102 cm, y señalamos el punto L_2.

Para redondear el hombro señalaremos la mitad de la distancia B_2K_2 con el punto Y, y dibujaremos una curva desde E_2 a Y.

Finalmente redondearemos el bajo trazando una curva desde L a L_2.

Trazado del delantero

Para realizar el delantero, nos serviremos del mismo patrón de espalda, haciendo las siguientes modificaciones:

El escote lo bajaremos tantos centímetros como mida el ancho. Añadiremos el trozo correspondiente para cruce y vista, y la línea AC_2 la alargaremos 2 cm más, redondeando de nuevo el bajo.

Abrigo de manga ranglán

Para realizar el patrón del modelo de la figura 4 emplearemos las siguientes medidas:

Ancho de espalda	40 cm
Largo de talle espalda	42 cm
Largo de talle delantero	44 cm
Altura de hombro	37 cm
Contorno de cuello	36 cm
Sisa (mitad de su vuelta)	19 cm
Contorno de pecho: 92 más 4	96 cm
Altura de cadera	19 cm
Vuelta de cadera: 100 más 4	104 cm
Largo total de espalda	104 cm
Largo total de delantero	106 cm
Largo total de manga	60 cm
Largo de sangría	44 cm

Figura 4. Modelo de abrigo de manga ranglán.

Trazado de la espalda

Trazaremos en primer lugar el patrón-tipo de espalda larga recta.

Después escotaremos la sisa 2 cm desde el punto K, puesto que este abrigo necesita sisas amplias (Fig. 5).

En la línea de cadera daremos 4 cm de vuelo desde O y O_2, respectivamente.

La línea central de la espalda queda desviada porque pasa a 4 cm hacia afuera de O, e igualmente la línea de costado que empieza en K, pasa a 4 cm de O_2 y termina en la línea del bajo con el punto L.

A continuación vamos a dibujar, en la parte del hombro, el trozo que tenemos que añadir después a la manga.

Marcaremos en el escote 1 cm desde G a F y señalamos el punto G_2. Después trazaremos una línea ligeramente curva desde G_2 a J. Vea la figura 5.

Trazado del delantero

Dibujaremos el patrón-tipo del delantero largo recto. Escotaremos la sisa 2 cm, como en la espalda, y daremos 4 cm de vuelo en el costado desde el punto O_2 (Fig. 6).

Puesto que el largo total del delantero mide 2 cm más que el de la espalda, subiremos estos centímetros desde L para redondear el bajo.

Después aumentaremos 4 cm para cruce desde A y C_2 respectivamente y 12 cm para la vista. Como recordará, a la vista se le da el ancho del cruce, más el ancho de escote, más 1 cm. Para dibujar el escote en la vista, doblaremos el patrón por el borde del cruce, y después pasaremos el lápiz fuertemente por la línea GF para que nos quede señalada en la parte doblada, remarcando después esta señal con trazo más fuerte.

Finalmente dibujaremos el trozo que necesitamos añadir a la manga.

Desde G, en la línea del escote, marcaremos 2 cm, con el punto G_2, y después trazaremos una curva suave desde G_2 hasta J_2, como se ve en la figura 6.

Manga ranglán

Si observa usted la figura 7, se dará cuenta de que este patrón no es más que una manga recta, con la única diferencia de los trozos añadidos en la parte alta de la enmangadura y el escote que se da por el centro del patrón.

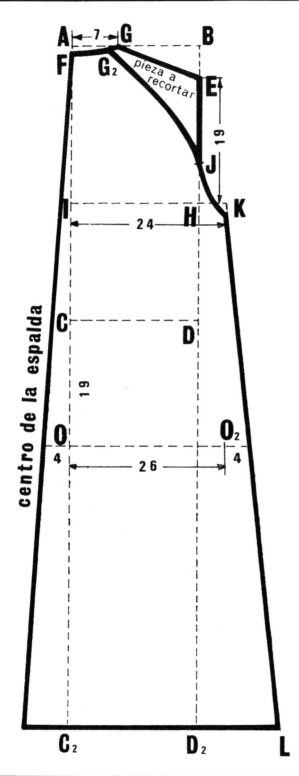

Figura 5. Patrón de la espalda.

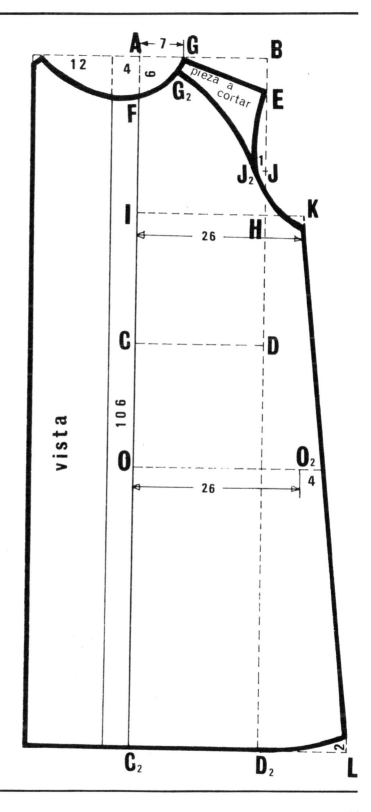

Figura 6. Patrón del delantero.

61

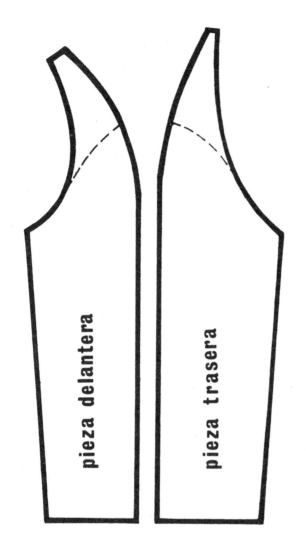

pieza delantera

pieza trasera

Figura 7. La manga ranglán consta de dos piezas y éstas se cortan por separado sobre la tela.

En el modelo de la figura 4, vemos que la enmangadura llega hasta el escote, formando, pues, el hombro del abrigo.

Esos trozos que se añaden a la enmangadura son los que hemos trazado sobre los patrones de espalda y delantero. En la figura 8 puede ver ambos trozos ya recortados de los patrones.

El trozo correspondiente a la espalda lo hemos marcado con una T, y el que corresponde al delantero con una D. De esta forma se evitan confusiones al aplicarlos sobre la enmangadura.

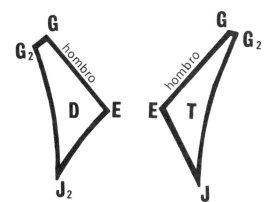

Figura 8. Estas dos piezas quedan tal como se ven dibujadas, una vez han sido recortadas de los patrones de espalda y delantero.

La manga ranglán consta de dos piezas y, por lo tanto, lleva dos costuras: la de sangría y la del centro.

Trazado del patrón-tipo de la manga ranglán

En primer lugar trazaremos el patrón-tipo de manga recta con arreglo a las medidas indicadas en el modelo que estamos explicando, dándole 16 cm de anchura en el bajo. A la medida de sisa tenemos que aumentar los 2 cm que escotamos en la sisa del cuerpo (Fig. 9).

Como este patrón lo estamos trazando sobre papel doblado, calcaremos al papel de abajo la enmangadura delantera, o sea la curva más baja. Después abriremos el papel y repasaremos con el lápiz la parte calcada, marcando también con una línea el centro de la manga. Conviene señalar las dos mitades del patrón con las palabras **trasera** y **delantera** para evitar confusiones.

A continuación marcaremos 8 cm desde A, hacia abajo, y pondremos el punto X. A ambos lados de A marcaremos 1,5 cm, con la letra E.

Después cogeremos los dos trozos recortados de los patrones del cuerpo y los colocaremos sobre el patrón de la manga, de modo que el punto A coincida con esa misma letra señalada en la enmangadura.

Finalmente trazaremos una curva desde G a X pasando por E, tanto en la delantera como en la trasera. Observe la figura 9.

Si deseáramos poner hombreras al abrigo marcaríamos 2,5 cm a ambos lados de A, y colocaríamos los trozos recortados de los patrones de manera que el punto E coincida con el nuevo punto marcado a 2,5 cm de A. Pero al trazar la curva en ambas piezas, la seguiremos realizando a 1,5 cm de A.

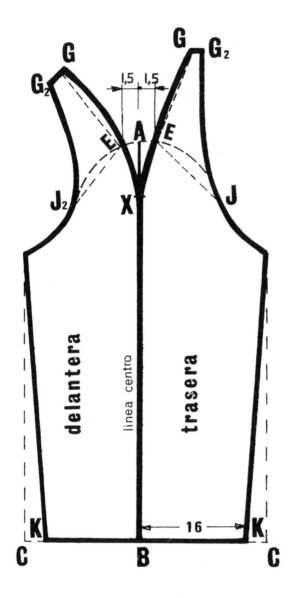

Figura 9. Patrón-tipo de la manga ranglán.

Trazado del cuello

El cuello de este abrigo tiene un poco de forma (Fig. 10).

Se traza un rectángulo con los puntos AB y CD. Entre A y B pondremos la mitad de la medida completa del escote, menos 1,5 cm. En este ejemplo son unos 16,5 cm. Entre A y C pondremos 20 cm.

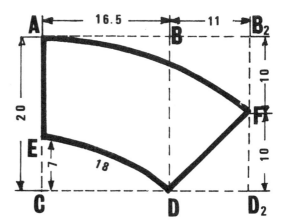

Figura 10. Patrón del cuello.

Desde C, subiremos 7 cm, señalando el punto E, y trazaremos una curva desde E hasta D. Esta curva ha de tener la mitad de la medida completa del escote, 18 cm en este ejemplo. En caso contrario hay que estrechar o ensanchar la medida AB y CD hasta que dicha curva resulte con la medida debida.

Después alargaremos 11 cm las líneas AB y CD, señalando los puntos B_2 y D_2. A continuación señalaremos el punto F en la mitad de la distancia B_2D_2 y uniremos F con D por medio de una recta. El borde del cuello lo dibujaremos con una curva desde A a F, como se ve en la figura 10.

Trazado del bolsillo

Trazaremos un rectángulo de 20 cm de alto por 19 de ancho, con las esquinas inferiores redondeadas. La cartera se marca sobre el mismo patrón, dándole una anchura de 7 cm.

Confección del abrigo

Después de recortadas todas las piezas sobre tela doble al hilo, comenzaremos el hilvanado uniendo la espalda con los delanteros por las costuras de los costados.

Las mangas se preparan por separado. Primero se hilvana la costura del centro, y después la de sangría. La primera prueba la efectuaremos con las dos mangas hilvanadas al cuerpo, ya que el hombro del abrigo lo forma la enmangadura.

El cuello conviene cortarlo en entretela para, de esta forma, observar en la primera prueba si queda bien sentado.

Una vez corregidos los defectos que pudiera presentar el abrigo, coseremos todas las costuras a máquina. La unión de las mangas al cuerpo la haremos con costura sencilla, recargándola después por el derecho con una anchura de 1,5 cm. La cartera que llevan las mangas se confecciona aparte, con un ancho de 10 cm, y con un pespunte de adorno a 1,5 cm del borde. Dicho pespunte lo pasaremos también en el borde de los bolsillos y cartera y en el borde del cuello.

Pantalón acampanado

Para realizar los patrones de este pantalón, emplearemos las siguientes medidas.

Largo	100	cm
Cadera	88	cm
Cintura	72	cm
Entrepierna	76	cm
Tiro delantero	28	cm
Tiro trasero	36	cm
Rodilla	54	cm
Pata delantera	32	cm
Pata trasera	35	cm

Trazado del delantero

Empezamos trazando un rectángulo en el que el lado AC mida el largo del pantalón, y el AB la cuarta parte de la medida de cadera. Desde C, trazamos una línea paralela a AB y con su misma medida, señalando el punto D. Unimos este punto con B y tenemos el rectángulo completo (Fig. 11).

Desde A, hacia abajo, pondremos la medida de rodilla, que en este ejemplo son 54 cm, y señalamos el punto M, y desde B, hacia bajo, ponemos la misma medida, señalando el punto R. Unimos los puntos M y R mediante una recta.

Para entallar el pantalón en la rodilla, meteremos 1 cm desde M, pero si se desea más entallado pueden ponerse más centímetros, o si no

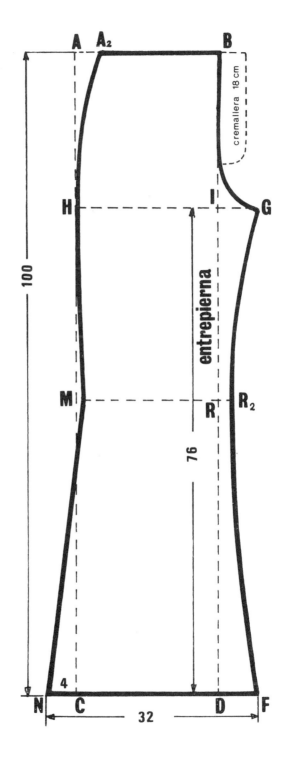

Figura 11. Patrón delantero del pantalón acampanado.

se desea el entalle no daremos ninguno. En resumen, podemos poner, si se desea muy ajustado a la rodilla, 2 cm, si se desea un entalle intermedio (como en este caso), 1 cm, y si lo queremos ligeramente acampanado, no pondremos ninguno.

Desde C, hacia la izquierda sacaremos 4 cm y marcaremos el punto N.

A continuación pondremos la medida de pata (o bajo) delantera, en este caso 32 cm, desde N, hacia la derecha, y señalamos el punto F.

Desde C, hacia arriba, pondremos la medida de entrepierna y marcaremos el punto H. Desde H, hacia la derecha, trazaremos una paralela a AB y marcaremos el punto I. La línea HI la prolongaremos tantos centímetros como tenga la cuarta parte de la línea AB, que en este caso son 5,5 cm, y señalamos el punto G.

Desde R sacaremos 2 cm, hacia la derecha, y marcaremos el punto R_2. Estos 2 cm pueden variar, puesto que con arreglo a las medidas de la cadera se sacarán los centímetros que veamos conveniente para que la línea de entrepierna no tenga una línea demasiado pronunciada. También influyen en los centímetros que saquemos lo entallado que nos guste el pantalón en la rodilla.

La línea de entrepierna irá con una curva suave desde G hasta F, pasando por R_2.

A partir del punto B, hacia A, ponemos la cuarta parte de la medida de cintura, y señalamos el punto A_2. Este punto lo uniremos con H, mediante una ligera curva, tal como se ve en la figura 11.

En el caso de desear la cintura con una pinza, se puede hacer poniendo desde B hacia A la cuarta parte de la medida de cintura, más 3 cm, que daremos de profundidad a la pinza. Esta pinza la marcaremos exactamente en el punto medio de la línea que nos resulte, y marcaremos 1,5 cm a cada lado de este punto. El largo de la pinza será de 10 cm aproximadamente.

Desde B hacia G, trazaremos una curva suave que tendrá los mismos centímetros de la medida de tiro delantero.

Como se ve en la figura 11, al cortar el pantalón, dejaremos a la derecha de B, 5 cm por 18 de largo, que nos servirán para montar la cremallera.

Trazado de la trasera

Se comienza, como en el patrón de espalda, haciendo un rectángulo, en el que el lado AC mida el largo del pantalón, y el lado AB la cuarta parte de la medida de cadera. Desde C trazaremos una línea paralela a

AB y con su misma medida, señalando el punto D, el cual lo unimos con B y tenemos formado el rectángulo (Fig. 12).

A partir de A, hacia abajo, pondremos la medida de rodilla, que en este caso son 54 cm, y señalamos el punto M. Desde B, hacia abajo, ponemos la misma medida y señalamos el punto R. Este punto lo unimos con M mediante una recta.

Desde M, hacia la derecha, meteremos 1 cm (o los que hayamos metido en el delantero, en el caso de quererlo más entallado).

La línea MR la prolongaremos 4 cm y señalamos el punto R_2.

Desde C, hacia la izquierda, pondremos 4 cm y señalaremos este punto con la letra N. Desde N, hacia la derecha, pondremos la medida de pata trasera, que en este ejemplo son 35 cm, y señalamos el punto F. Esta medida puede ser mayor o menor, según la moda y el gusto de cada uno.

A partir de D, hacia arriba, marcaremos la medida de entrepierna con el punto L.

Desde L, hacia la derecha, pondremos la mitad de la medida AB, que son 11 cm en este caso, y señalamos el punto G.

Desde B, en dirección a A, pondremos 4 cm en este modelo, por ser acampanado, y desde este punto se suben los mismos centímetros que hemos entrado desde B, es decir 4 cm, y señalamos el punto B_2.

En el centro de la línea BL marcaremos el punto I.

Para trazar la línea de tiro es muy importante poner esta medida exacta. Para ello pondremos la cinta métrica empezando en B_2 y la medida que tengamos que poner, o sea el centímetro 36, en G, haciendo pasar la cinta métrica por I. Después señalamos esta línea procurando que tenga la misma forma que se ve en la figura 12, pues puede depender de ello, que le siente mejor o peor el pantalón.

Desde B_2 hacia A, pondremos la cuarta parte de la medida de cintura, más 3 cm, que son los que daremos a la pinza, y señalamos el punto A_2. En el centro de la línea A_2B_2, marcamos el punto H, y a la derecha e izquierda de este punto señalamos 1,5 cm para el trazado de la pinza.

A partir de I, trazamos una línea paralela a AB con la medida de la cuarta parte de cadera, más 1 cm y señalamos el punto J. Este detalle no lo lleva el modelo amplio desde la cadera del capítulo 5 (Vol. 1), pero el que estamos explicando como es acampanado y va entallado hasta la rodilla, si se deja muy justo a la altura de la cadera se entallaría su contorno.

Ahora unimos A_2 con J y continuamos la línea, pasándola a 1 cm de M y la terminamos en el punto N.

Desde H, hasta la línea de cara IJ, trazaremos una línea que deberá

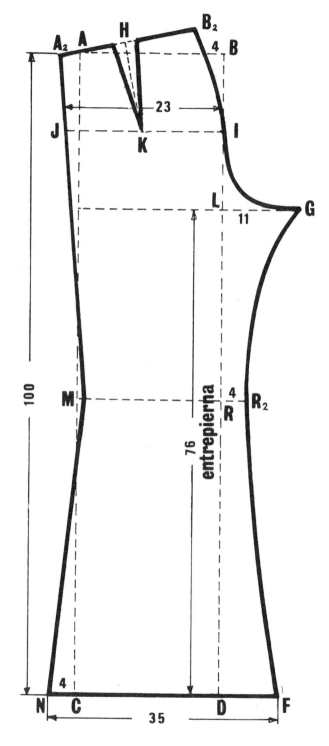

Figura 12. Patrón de la trasera del pantalón.

ser paralela a A_2J y señalamos el punto K. Este punto será el extremo de la pinza, desde el cual trazaremos una línea a cada uno de los puntos situados a 1,5 cm de H para formar la pinza.

Por último, para dibujar la entrepierna, se traza una línea curva suave desde G, pasando por R_2 y terminando en F.

En los centímetros que hemos puesto de R a R_2, se pueden poner más o menos, según el gusto de cada uno.

Como ya hemos dicho en anteriores ocasiones, se recomienda comprobar bien los tiros y las entrepiernas del delantero y la trasera, ya que no nos cansaremos de decirles que estas dos medidas son la clave del buen resultado del patrón.

4

Lencería de señora

Primer modelo de combinación

Este sencillo modelo de combinación que presentamos en la figura 1, se puede confeccionar en crespón del color que se prefiera, procurando que sea de un tono pálido, por ser lo más apropiado en lencería.

Como único adorno lleva una puntilla en la parte superior y en el borde del bajo.

Las medidas que vamos a emplear para su estudio son las siguientes:

Ancho de espalda	37 cm
Largo de talle	43 cm
Altura de hombro	38 cm
Sisa (mitad de su vuelta)	17 cm
Contorno de pecho: 90 más 4 ..	94 cm
Largo total	92 cm

Figura 1. Modelo de combinación muy sencillo, solamente lleva como adorno una puntilla en la parte superior y en el bajo.

Trazado de la espalda

Comenzaremos trazando el patrón-tipo de espalda corta recta.

No es necesaria la medida de escote, ni trazar las líneas del hombro y sisa. (Fig. 2.)

Desde L entallaremos la cintura 1 cm, y señalaremos el punto M.

Como el largo total es de 92 cm, prolongaremos las líneas AC y BD, señalando los puntos C_2 y D_2.

Después trazaremos desde L una paralela a DD_2, y señalamos el punto L_3.

Desde L_2 prolongaremos la línea del bajo 10 cm, trazando a continuación la línea del costado desde M a L_3.

Por último, se traza la pinza de entalle, que como puede ver en la figura 2, tiene 2 cm de profundidad, y su centro dista del punto C 9 cm. La pinza tiene una largura de 10 cm por la parte inferior y por la parte superior llega a 6 cm de la línea de pecho IK.

No hemos cogido el entalle máximo porque esta prenda no debe hacerse muy entallada, pues hay que tener en cuenta que, al ponérsela, ha de pasar la cintura por los hombros y el pecho.

Trazado del delantero

Se traza igual que la espalda. Solamente la parte alta es diferente. (Fig. 3.)

A la línea de pecho no le aumentaremos 2 cm como de costumbre, sino sólo 1 cm, ya que las prendas interiores no necesitan tanta holgura.

La parte alta la trazaremos del modo siguiente:

Desde I subiremos 3 cm, señalando el punto Ñ.

El punto O lo marcaremos en la línea de pecho a 9 cm de I. Desde O se suben 10 cm en línea recta, y se señala el punto P.

Finalmente, se trazan dos líneas desde P a Ñ y a K, respectivamente.

Confección del modelo

Tanto la espalda como el delantero han de cortarse al hilo, haciendo coincidir el centro de ambos patrones con el doblez de la tela para que salgan completas las piezas.

Para la prueba, hilvanaremos todas las costuras y pinzas.

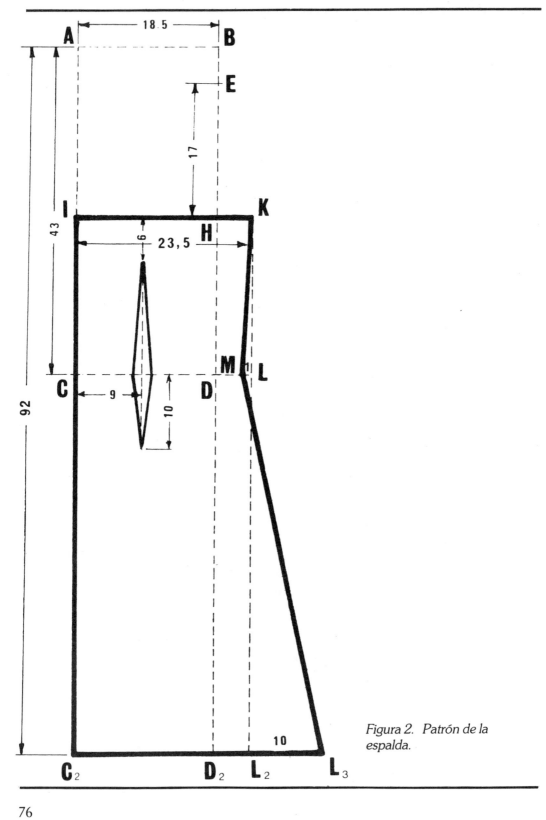

Figura 2. Patrón de la espalda.

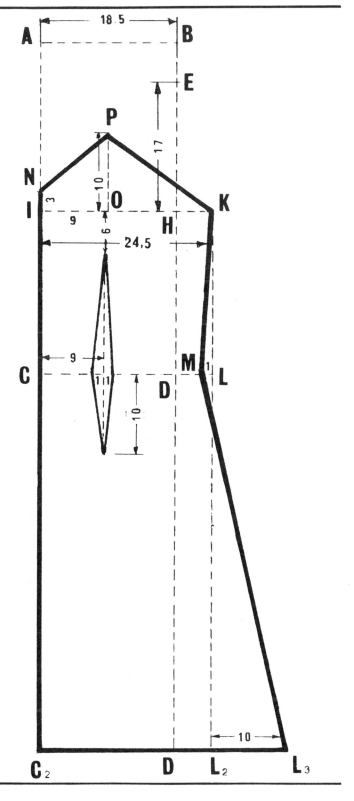

Figura 3. Patrón del delantero.

Las hombreras se hacen de la misma tela, del ancho que se desee. Estas las prenderemos con alfileres en la prueba, dejando el escote a la altura deseada.

Efectuada la prueba se cosen las costuras definitivamente.

Pueden ir cosidas a punto de incrustación o con costura francesa muy finita.

Por último, se cose la puntilla en el borde superior y en el bajo.

Segundo modelo de combinación

Este bonito modelo de la figura 4, puede confeccionarse en satén azul.

El entalle se da en las costuras de los costados, en la costura central de la espalda y en las de la pieza central del delantero.

Para la explicación de su trazado emplearemos las mismas medidas que en el modelo anterior.

Trazado de la espalda

Trazaremos el rectángulo ABCD, poniendo de A a B la mitad del ancho de espalda y de A a C el largo de talle, como hacíamos al trazar el patrón-tipo de espalda corta recta. (Fig. 5.)

Desde D, hacia arriba, se mide como ya sabe, la altura de hombro, y se señala el punto E.

Desde E, hacia abajo, pondremos la medida de sisa, señalando el punto H.

Después se mide la distancia BH, y esta medida se aplica en la línea AC, señalando el punto I, desde el que se traza la línea de pecho, pasando por H, hasta terminar en un punto que llamaremos K.

Prolongando las líneas AC y BD con el largo total, señalaremos los puntos C_2 y D_2, respectivamente. Paralela a H D_2, hay que trazar la línea K L_2, señalando el punto L en la línea de cintura.

A continuación, entallaremos 1 cm en el costado, señalando el punto M. En la línea del centro, desde el punto C, entallaremos otro centímetro y marcamos el punto N.

La línea del bajo hay que prolongarla desde C_2 a C_3, 4 cm, y desde L_2 a L_3, 6 cm. Después trazaremos la línea del costado desde K a M, y desde M a L_3.

Seguidamente bajamos 4 cm desde I y señalamos el punto Ñ.

Figura 4. Modelo de combinación con una pieza central en el delantero.

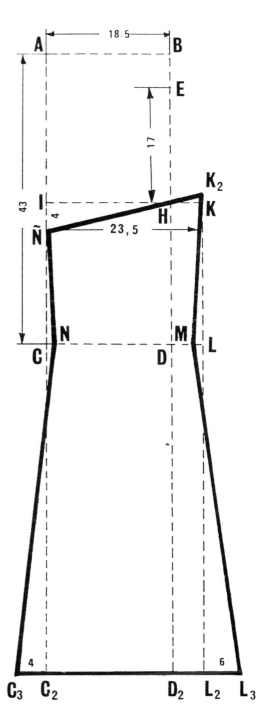

Figura 5. Patrón de espalda.

La costura central la forman dos rectas que van desde Ñ a N y desde N a C_3.

Por último, subiremos 1 cm desde K hasta K_2, y trazaremos la línea K_2 Ñ que determina el borde superior de la combinación.

Trazado del delantero

Comenzamos con el patrón-tipo corto recto, igual que en la espalda. A la línea I K de pecho hay que darle 1 cm más de holgura. (Fig. 6.)

Después se prolongan las líneas AC, BD con el largo total, que será igual que en la espalda, 92 cm, señalando los puntos C_2 y D_2.

Desde K subiremos 1 cm señalando el punto K_2.

Ahora dibujaremos la parte alta de la combinación.

Desde I se suben 2 cm señalando el punto Ñ. En la línea IH se marcan 9 cm, y se señala el punto O. Desde O, hacia arriba, se marcan 11 cm, con el punto P, y hacia abajo, 9 cm, señalando el punto Q.

Después se unen los puntos QÑ por medio de una recta inclinada. En esta costura pondremos tres plieguecitos o pinzas pequeñas para dar un poco de vuelo en la parte del pecho. Cada pliegue lleva 1 cm de profundidad. Tenemos que aumentar, pues, los 3 cm de los tres pliegues en la línea QÑ, por lo que señalaremos el punto R.

Finalmente, uniremos el punto P con R y con K_2, quedando así dibujada la parte alta de la combinación.

A continuación procederemos a dibujar la parte inferior.

La costura del costado se traza igual que en la espalda.

Desde O trazaremos una línea paralela a la I C_2, y señalaremos el punto T. Al cruzar dicha línea la cintura, señalaremos el punto S. Después a cada lado de este punto marcaremos 1 cm con los puntos V y U, respectivamente. En la línea del bajo, a cada lado de T, se marcan 3 cm, señalando el punto Z a la izquierda, y el punto Y a la derecha.

Finalmente, trazaremos las líneas QV y VY que forman la pieza central y la pieza del costadillo queda terminada con las líneas que trazaremos desde Q a U y desde U a Z.

Confección del modelo

Antes de cortar el patrón del delantero, hay que calcar la pieza central en un papel transparente.

Todas las piezas las cortaremos en la dirección del hilo.

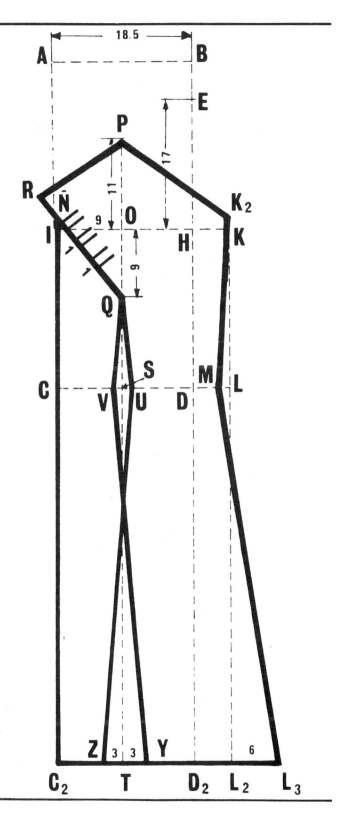

Figura 6. Patrón delantero.

Las costuras de unión se harán a vainica ciega o a punto de incrustación.

La vainica ciega se hace igual que la vainica corriente pero sin sacar hilos.

Primer modelo de camisón

Presentamos en la figura 7 un modelo de camisón muy bonito y práctico. En el cuerpo, por la parte del delantero, lleva un original canesú con topos bordados.

Puede confeccionarse en batista rosa, y los topos bordados en blanco.

Para el estudio de este ejemplo vamos a emplear las siguientes medidas:

Ancho de espalda	38 cm
Largo de talle espalda	42 cm
Largo de talle delantero	44 cm
Altura del hombro	37 cm
Contorno de cuello	36 cm
Sisa (mitad de su vuelta)	17 cm
Contorno de pecho: 90 más 4	94 cm
Contorno de cadera: 94 más 4	98 cm
Altura de cadera	18 cm
Largo total de espalda	135 cm
Largo total de delantero	137 cm
Largo de manga	20 cm
Contorno de brazo: 24 más 4	28 cm

Trazado de la espalda

Se traza el patrón-tipo largo recto, dándole 5 cm de vuelo a la línea de cadera para conseguir la amplitud necesaria del modelo. (Fig. 8.) El cuello se dibuja sobre el mismo patrón, marcando el punto Y a 6 cm de G, siguiendo la línea del hombro, y el punto Z a 6 cm por debajo de F. Finalmente se traza una curva desde Y a Z.

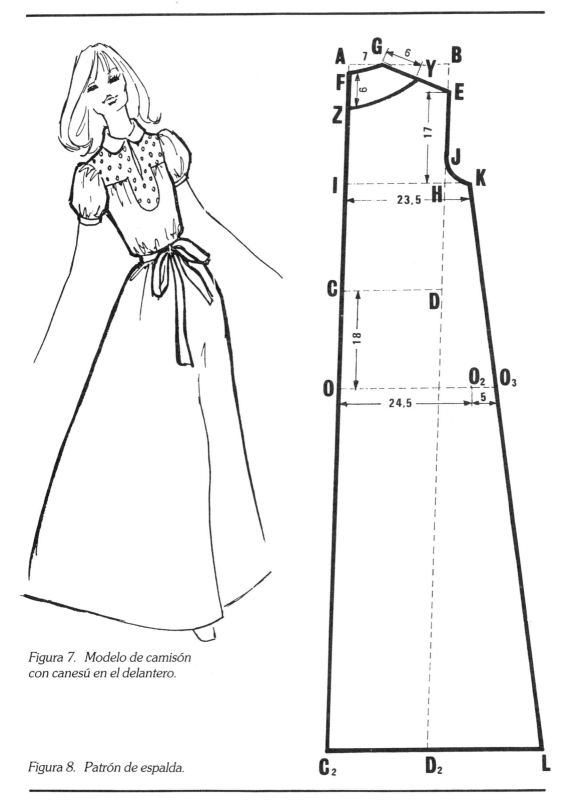

*Figura 7. Modelo de camisón
con canesú en el delantero.*

Figura 8. Patrón de espalda.

Trazado del delantero

Trazaremos como base el patrón-tipo del delantero largo recto, dándole 6 cm de bajada al escote, es decir, 1 cm menos que de ancho. A la línea de pecho hay que dar 1 cm más de holgura que a la espalda. De momento, no trazaremos la línea del costado.

Trazado el patrón-tipo, efectuaremos la transformación al modelo en la forma siguiente:

En la mitad de la distancia EH, marcaremos el punto P. A 6 cm por debajo de F se señala el punto Q, desde cuyo punto marcaremos en dirección horizontal 9 cm, señalando el punto R. A 9 cm por encima de C pondremos el punto S. Ahora trazaremos el canesú. Para ello uniremos con una línea recta los puntos P R.

Después se traza una línea vertical desde R, y otra horizontal desde S, hasta que ambas se encuentran en un mismo punto. La esquina que forma el encuentro de estas líneas se redondea tal como se ve en la figura 9.

A continuación, para trazar el canesú, unimos mediante una línea recta los puntos R y P, prolongando dicha línea 7 cm, para los frunces que lleva el modelo encajados en esta costura. En el extremo de la línea marcamos el punto P_2.

También es necesario prolongar la línea de pecho desde K a K_2 con los mismos centímetros que hemos marcado entre P P_2. Después trazaremos desde P_2 hasta K_2 una línea curva, análoga a la parte inferior de la sisa.

Para completar el patrón daremos 5 cm de vuelo a la línea de cadera, más los 7 cm, aumentados en la parte alta para frunces, señalando el punto O_3. La línea del costado se traza desde K_2 hata el bajo, punto L, pasando por O_3. El bajo lo rectificaremos subiendo 2 cm desde L, por ser el desnivel que existe entre el largo total de delantero y espalda.

El cuello lo dibujaremos sobre el mismo patrón, como hemos hecho en la espalda. Para ello marcaremos el punto Y a 6 cm de G, y desde el punto Q, que está situado a 6 cm de F, ponemos 2 cm, hacia dentro, realizando después la curva del cuello, procurando dar una forma redondeada a las puntas, tal como se ve en la figura 9.

Trazado de la manga

Este patrón es muy parecido al que hicimos en la manga de la bata (Vol. 1, cap. 9), con la única diferencia de que la línea de centro hay que

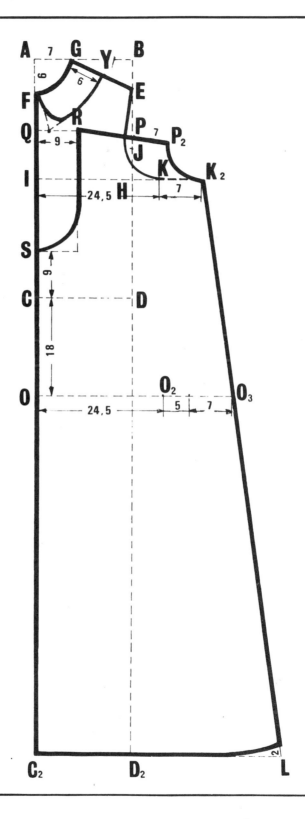

Figura 9. Patrón delantero.

85

desviarla igual por abajo que por arriba, puesto que lleva frunces en la enmangadura y en el bajo.

Empezaremos trazando el ángulo recto ABC. (Fig. 10.) En la línea AB pondremos el largo de la manga y de B a C la medida de sisa.

Desde el punto A trazamos una paralela a BC, con su misma medida, y señalamos el punto C_2.

A partir de C_2 pondremos la medida de sisa, menos 3 cm, señalando el punto D. Después unimos el punto D con C y tendremos la costura de sangría.

Para aumentar el vuelo de la enmangadura y el bajo se sacan 2 cm desde A, hacia afuera, y otros 2 cm hacia arriba, señalando el punto A_2. En el bajo se sacan 2 cm desde B y señalamos el punto B_2. Uniendo los puntos A_2 y B_2 tenemos la línea de centro.

A continuación trazamos la línea auxiliar A D que nos servirá para dibujar la enmangadura. Después calculamos la tercera parte de la línea A D y el resultado lo pondremos desde A hacia D, señalando el punto E. Estos mismos centímetros los señalará también desde D hacia E, y pondremos el punto F.

Desde F en dirección a E pondremos 2,5 cm y señalamos el punto G.

A partir de E, subiremos 2,5 cm, señalando el punto I. En el punto medio de la distancia F D y 1 cm hacia abajo, señalamos el punto H, con el cual ya tenemos todos los puntos necesarios para trazar la enmangadura.

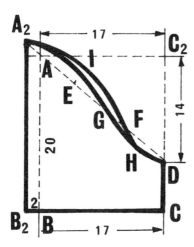

Figura 10. Patrón de la manga.

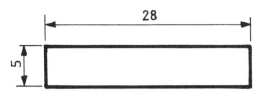

Figura 11. Patrón del puño.

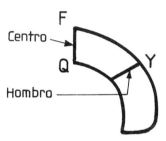

Figura 12. Patrón del cuello.

La curva trasera de la enmangadura empieza en A_2, pasa por I, F, H hasta D. La curva delantera irá, pues, desde A_2, pasará a 1 cm de I, después continuará por G, H y terminará en D.

En el bajo, los frunces, van recogidos con un puño, el cual realizaremos haciendo un rectángulo que tendrá un ancho de 5 cm y de largo el contorno de brazo, que en este ejemplo son 28 cm. (Fig. 11.)

Patrón del cuello

Para dibujar el patrón del cuello calcaremos los dos trozos que hemos dibujado en los patrones de espalda y delantero, después sobre otro papel los colocaremos juntando hombro con hombro como se ve en la figura 12.

Por último pasaremos el lápiz por todo el contorno del cuello, obteniendo así la mitad del patrón.

Confección del modelo

Todas las piezas se cortarán al hilo en tela doble.

El patrón delantero consta de dos piezas: el canesú y el resto del cuerpo.

Al recortar el patrón hay que separar estas dos piezas y aplicarlas sobre la tela por separado. Tanto el centro de la espalda como el centro delantero han de coincidir con el doblez del género.

Al cortar las mangas hay que cuidar de que su centro, línea $A_2 B_2$, quede en el sentido del hilo de la tela.

El puño se coloca también sobre tela doble, apoyando su borde más largo sobre el doblez.

Después iniciaremos la confección pasando los hilvanes flojos sobre las líneas marcadas en la tela. Una vez pasados, y antes de comenzar el hilvanado de costuras, cogeremos el frunce de la parte alta del cuerpo, distancia $R P_2$, hasta reducirla a la medida justa del borde superior del canesú, distancia R P.

A continuación se unen todas las piezas cosiéndolas con costura francesa muy fina.

También coseremos la costura de sangría de las mangas, y después de colocarle el puño las hilvanaremos a la sisa del cuerpo. Para colocar la manga con exactitud marcaremos un aplomo en la sisa del delantero a 1,5 cm de la costura del hombro. El centro de la manga lo haremos coincidir con el aplomo, y la costura de sangría con la costura del costado del cuerpo.

En el escote del delantero haremos una abertura de unos 12 cm de largo para facilitar el paso de la cabeza. Dicha abertura hay que rematarla con una tira de bies.

El bajo del camisón, puede rematarse con un bies muy fino o simplemente con un dobladillo. El vuelo se recoge en el talle con un cinturón hecho de la misma tela del camisón y se anuda por delante con una lazada.

Segundo modelo de camisón

Este elegante camisón resulta muy lindo confeccionado en piel de ángel blanca. (Fig. 13.)

Va ceñido en la cintura con un ancho corpiño en el que encajan los frunces del cuerpo y de la falda.

Las mangas son flojas y van rematadas con un puño y el escote lleva un encaje bordeándolo.

Para realizar los patrones de este camisón emplearemos las siguientes medidas:

Ancho de espalda	37	cm
Largo de talle espalda	40	cm
Largo de talle delantero	42	cm
Altura de hombro	35	cm
Contorno de cuello	35	cm
Medida de sisa (mitad de su vuelta) .	16,5	cm
Contorno de pecho: 88 más 4	92	cm
Contorno de cintura	68	cm
Contorno de cadera: 94 más 4	98	cm
Altura de cadera	18	cm
Largo total de espalda	136	cm
Largo total de delantero	138	cm
Largo de manga	58	cm
Largo de sangría	43	cm
Contorno de muñeca: 15 más 3	18	cm

Figura 13. Modelo de camisón ceñido en la cintura.

Trazado de la espalda

Empezaremos trazando el patrón-tipo corto recto en la forma conocida. Después prolongaremos las líneas AC, BD, con el largo total de espalda y señalaremos los puntos C_2 D_2. (Fig. 14.)

Desde C hacia C_2 mediremos la altura de cadera y señalaremos el punto O.

Desde el punto O y en sentido horizontal, trazaremos la línea de cadera con la cuarta parte de su vuelta, y señalaremos el punto O_2.

La cintura la entallaremos marcando desde C a M la cuarta parte de su vuelta.

En este modelo cogemos el entalle máximo porque va abierto por el centro del delantero, y podrá entrar sin dificultad por los hombros.

Después, en la línea de cadera, desde O_2, aumentaremos los centímetros de la distancia comprendida entre los puntos M y L, y señalaremos el punto O_3.

La línea del costado del cuerpo lo trazaremos desde K a M y la de la falda desde L, pasando por O_3 hasta L_2. Entre L L_2 pondremos igual distancia que entre los puntos C C_2.

Desde D_2 hasta L_2 se traza una curva que cerrará el bajo.

El corpiño que lleva el modelo tiene 7 cm de ancho. Estos los marcaremos desde C y M, hacia arriba, con los puntos P Q, respectivamente. Dichos puntos se unen por medio de una recta, quedando así dibujado el corpiño.

Trazado del delantero

Este patrón consta de tres piezas como el de espalda: parte superior del cuerpo, corpiño y falda.

Trazaremos primero el patrón-tipo corto recto, ensanchando el hombro 6 cm, los cuales se necesitan para los frunces. Este ensanche se da de la misma forma que en el patrón con pinza. La línea G E_2 será el hombro, quedando sin embargo entre B y E igual distancia que en la espalda. (Fig. 15.)

A la línea de pecho I K le daremos 1 cm más de holgura que a la espalda.

La bajada de escote no la marcaremos porque va abierto por el centro del delantero.

Con el largo total de delantero prolongaremos las líneas AC, BD, y señalaremos los puntos C_2 y D_2.

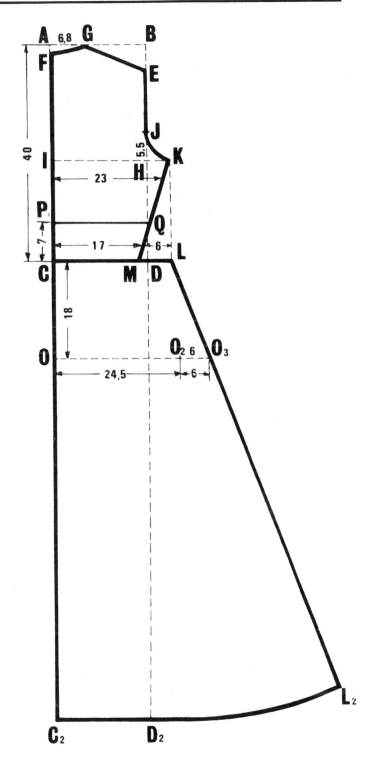

Figura 14. Patrón de espalda.

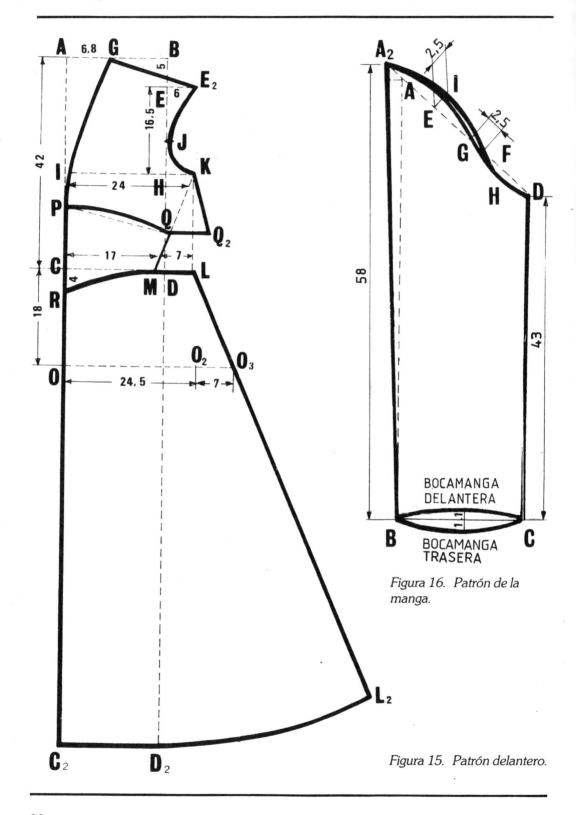

Figura 16. Patrón de la manga.

Figura 15. Patrón delantero.

Marcada la altura de cadera como de costumbre, trazaremos la línea de ésta con la cuarta parte de su vuelta, señalando el punto O_2.

Desde C hacia L, marcaremos la cuarta parte de cintura, y señalaremos el punto M.

Los centímetros que quedan entre M y L, los marcaremos también desde O_2 a O_3 en la línea de cadera.

La línea del costado de la falda, L L_2, medirá igual que en la espalda.

A continuación dibujaremos el corpiño, que como puede usted ver en la figura 15, no es recto como en la espalda, sino que tiene un poco de forma, ensanchándose en el centro.

A 12 cm por encima de C, señalaremos el punto P. Desde M trazamos una línea auxiliar hasta K, en la cual pondremos el mismo ancho de corpiño que pusimos en la espalda. Para ello marcamos 7 cm desde M y señalamos el punto Q.

Desde C, hacia abajo, marcamos 4 cm con el punto R. El borde inferior del corpiño lo trazaremos desde R a M con una curva suave.

El borde superior lo trazaremos con una recta desde P a Q. Después la redondearemos con una ligera curva que sobresalga 1 cm por el centro. Vea la figura 15.

Desde Q, hacia afuera, marcaremos 7 cm, y señalaremos el punto Q_2, así la pieza del cuerpo tendrá el vuelo necesario para los frunces que lleva encajados en la costura PQ.

Para completar la parte superior del cuerpo, trazaremos la línea del costado desde K a Q_2.

Finalmente, se trazará el escote con una ligera curva desde G a P.

Trazado de la manga

Dibujaremos el patrón-tipo de manga recta, dejando en el bajo la misma anchura que en la parte de arriba. (Fig. 16.)

Para aumentar el vuelo de la enmangadura se sacan 2 cm desde A, hacia afuera, y otros 2 cm hacia arriba, señalando el punto A_2.

La curva de la enmangadura trasera y delantera se trazan de la misma forma que en la manga recta y tal como explicamos en el primer modelo de camisón.

Después, para que el ablusado del bajo quede bien repartido, haremos una pequeña modificación en la línea B C. Desde el centro de esta línea, bajaremos y subiremos 1 cm, trazando a continuación dos líneas curvas desde B a C, pasando por dichos puntos. La curva que pasa más alta corresponde al bajo de la parte delantera de la manga, y la que pasa más baja corresponde a la trasera.

Para recoger los frunces en el bajo de la manga haremos un puño que tendrá de ancho 5 cm y de largo la medida de contorno de muñeca, es decir, 18 cm.

Confección del modelo

Todas las piezas han de cortarse al hilo y sobre tela doble.

Tanto la espalda como el delantero se componen de tres piezas: parte superior del cuerpo, corpiño y falda.

Quiero recordarle que el contorno del patrón lo forman las líneas gruesas y es por donde hay que cortar dicho patrón.

Antes de separar las piezas conviene señalar varios aplomos, ya éstos nos ayudarán mucho para armar la prenda con exactitud.

Todas las costuras las coseremos con una costura francesa muy fina. La unión del corpiño con el cuerpo y la falda quedará más fina si se hace a punto de incrustación.

El corpiño es abierto por el centro delantero, así es que necesitamos ponerle unas pequeñas vistas. En dicha abertura colocaremos unos botoncitos forrados de la misma tela del camisón, con sus correspondientes presillas para abrochar.

Por último, se coloca el encaje del escote.

5

Diversas prendas de señora

El pijama

Presentamos en la figura 1 un bonito y sencillo modelo de pijama que podrá confeccionarse en franela.

Un volantito del mismo género bordea la chaqueta por las solapas, puños y por el delantero derecho.

Para el estudio de este modelo emplearemos las medidas siguientes:

Medidas de la chaqueta

Ancho de espalda	39 cm
Largo de talle espalda	42 cm
Largo de talle delantero	44 cm
Altura del hombro	37 cm
Contorno de cuello	35 cm
Medida de sisa (mitad de su vuelta)	19 cm
Contorno de pecho: 92 más 4	96 cm
Largo total de chaqueta	66 cm
Largo de manga	59 cm
Largo de sangría	43 cm
Contorno de muñeca: 16 más 4	20 cm

Medidas del pantalón

Contorno de cadera: 92 más 4	96 cm
Largo total	100 cm
Entrepierna	70 cm
Largo de rodilla	62 cm

Trazado de la chaqueta

Patrón de la espalda

Como puede usted ver en la figura 2, se trata del patrón-tipo largo recto. Empezaremos trazando un ángulo recto, cuyo vértice señalamos con la letra A.

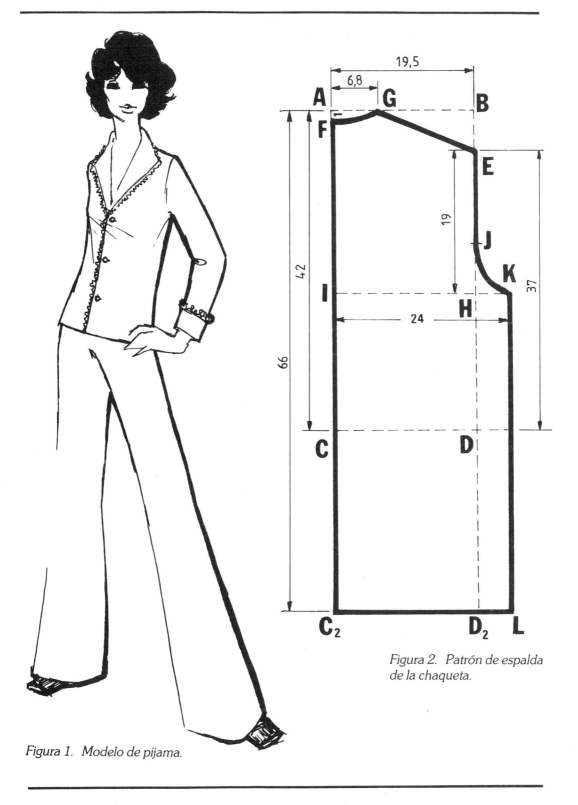

Figura 1. *Modelo de pijama.*

Figura 2. *Patrón de espalda de la chaqueta.*

Desde A a B pondremos la medida de la mitad de ancho de espalda, y de A a C la medida de largo de talle de espalda.

Después trazamos, desde C, una paralela a AB y con su misma medida, señalando el punto D. Desde D, trazamos una línea hasta B, con lo cual queda cerrado el rectángulo.

La línea AC se alarga hasta C_2 con el largo total de chaqueta. Esta misma medida hay que ponerla también desde B hasta D_2.

Desde D, hacia arriba, pondremos la medida de altura de hombro, señalando el punto E.

A continuación señalamos la bajada de escote, desde A hasta F, con 1 cm, y la anchura del escote, desde A a G, con la sexta parte de cuello, más 1 cm. Desde el punto G trazamos una línea hasta E que será la línea de hombro.

A partir de E, hacia abajo, pondremos la medida de sisa, y señalamos el punto H.

La medida que hay entre BH la pondremos desde A, hacia abajo, y señalamos el punto I.

Desde I, pasando por H, se traza la línea de pecho con la cuarta parte de su medida, y señalamos el punto K.

Para dibujar la línea de sisa calculamos la tercera parte de la línea EH y pondremos dicha medida desde H, hacia arriba, señalando el punto J. Después trazamos la curva de sisa desde J hasta K.

Desde el punto K, trazamos una paralela a H D_2, que se corta por la prolongación de la línea del bajo en el punto L.

Patrón del delantero

Este patrón se realiza igual que el patrón-tipo largo recto pero con algunas modificaciones.

Para su realización podemos seguir el mismo proceso que hemos detallado en el patrón de espalda, teniendo en cuenta que el largo de talle delantero tiene 2 cm más que en la espalda. A la línea de pecho se le añaden también 2 cm y la curva de la sisa se traza desde E, pasando a 1 cm de J y terminando en K. (Fig. 3.)

La línea BA y la del bajo, se prolongan 2 cm para el cruce y se traza la línea A_2 C_2.

Después, bajando 2 cm desde A_2, señalamos el punto F_2, prolongándola 3 cm en la misma dirección marcamos el punto F_3.

Desde F_2, bajamos 18 cm y señalamos el punto X. La solapa la completaremos con una recta desde F_3 a X. La línea auxiliar GX indica por donde hay que doblar la solapa.

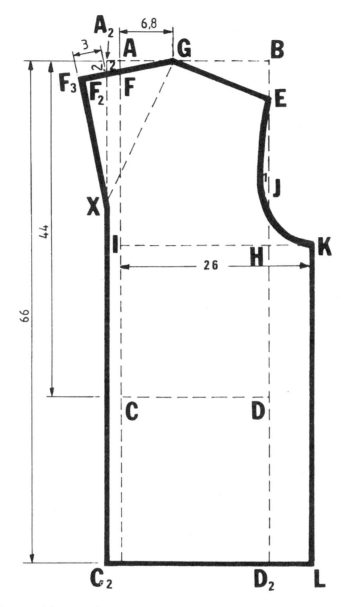

Figura 3. Patrón delantero de la chaqueta.

Las vistas son postizas y para cortarlas se calcan del patrón, dándoles 1 cm más que la anchura del cuello en la parte superior, y, en el bajo, 1 cm más que la anchura del cruce.

Patrón de la manga

El patrón de esta manga se realiza de la misma forma que el patrón-tipo de manga recta. (Fig. 4.)

En la línea AB, pondremos la medida de largo de manga, desde B a C, la medida de sisa, y de C a D, la medida de largo de sangría.

La mitad de la medida de contorno de muñeca la señalamos de B a C con el punto K. Después unimos los puntos K y D, quedando así dibujada la costura de sangría.

Desde el punto A hasta D trazamos una línea auxiliar que nos servirá para trazar la enmangadura con exactitud.

Para dibujar la enmangadura le recomiendo repase la explicación que se le dio para su trazado en el capítulo 2 del volumen 1.

Sobre el mismo patrón se dibuja el puño. Para ello desde el punto K, hacia arriba, se marcan 5 cm, y a 6 cm de B señalamos otro punto, desde el cual sacamos 1 cm, uniéndolo después con B.

A continuación unimos mediante una ligera curva los puntos situados a 5 y 6 cm de K y B, respectivamente, tal como se ve en la figura 4.

Después se calca el puño a otro papel para cortarlo por separado.

Trazado de pantalón

La pieza trasera y delantera de este pantalón se trazan juntas. Después se calca la pieza trasera a otro papel para recortarla por separado.

Con objeto de que el patrón no resulte confuso en la figura, hemos señalado con una línea fina la pieza trasera, y la delantera con línea gruesa.

Patrón del delantero

Se empieza trazando el ángulo recto ABC. Desde A a B pondremos la cuarta parte de la vuelta de cadera, menos 2 cm, o sea 22 cm en este caso. Desde A a C largo total del pantalón, que en este ejemplo son 100 cm. (Fig. 5.)

Desde el punto C subiremos la medida de entrepierna, 70 cm, y señalaremos el punto D.

A continuación, desde el punto D y en sentido horizontal, trazaremos una línea con la cuarta parte de la vuelta de cadera, 24 cm, y señalaremos el punto E. Desde E bajaremos una línea recta hasta F, paralela de la DC. Desde C a F se traza la línea del bajo.

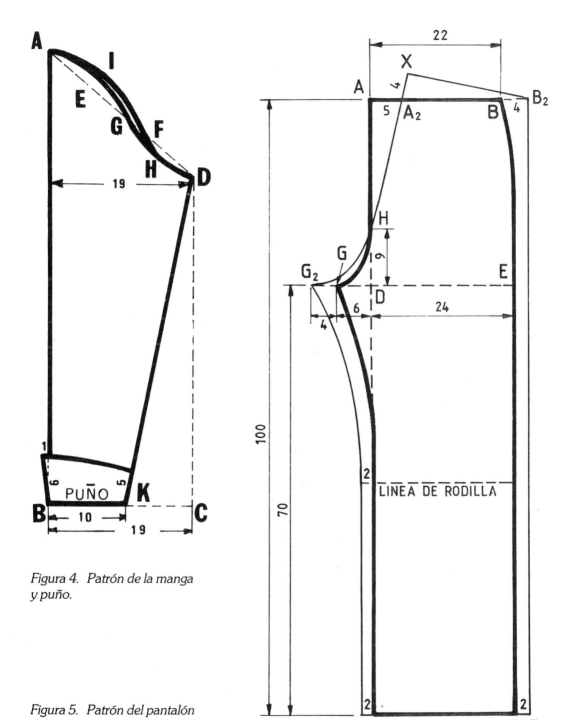

Figura 4. Patrón de la manga y puño.

Figura 5. Patrón del pantalón del pijama.

LINEA DE RODILLA

PUÑO

La línea del costado la completaremos con una curva muy suave desde B a E.

Desde el punto A, hacia abajo, marcaremos la medida del largo de rodilla y desde el punto señalado trazamos la línea de rodilla paralela a la DE.

La línea ED la prolongaremos con la cuarta parte de su medida y señalaremos el punto G.

Desde D a H se pone la misma medida que entre D y G, más 3 cm.

Por último trazaremos el tiro de la parte delantera uniendo con una curva los puntos H y G. La línea de entrepierna la trazaremos desde G, hasta la línea de rodilla, mediante otra curva.

Patrón de la trasera

Puesto que la trasera necesita más vuelo, ensancharemos el bajo 2 cm, señalando los puntos C_2 F_2, respectivamente. (Fig. 5.)

Desde B sacaremos 4 cm, en dirección horizontal, y señalaremos el punto B_2. Desde B_2 a F_2 trazaremos la línea del costado de la trasera.

Para trazar la entrepierna, marcaremos 4 cm desde G a G_2, o sea, igual medida que entre DG, menos 2 cm. Esta medida que acabamos de marcar no es fija, se pueden poner 4 ó 6 cm según sea de gruesa la persona.

La entrepierna de la pieza trasera, como se ve en la figura 5, va desde G_2 hasta la línea de rodilla en línea curva; desde la rodilla hasta el bajo, punto C_2, continúa en línea recta.

Ahora falta trazar la línea de tiro y cintura. Para ello trazaremos una curva desde G_2 a H. Desde H trazamos una recta hasta el punto A_2, situado a 5 cm de A. Después prolongamos 4 cm la línea H A_2 y señalamos el punto X. La distancia A_2 X suele ser más o menos corta según sea de gruesa la persona. La cintura la trazaremos desde X a B_2 con una línea recta inclinada.

Confección del pijama

Una vez cortadas en tela todas las piezas correspondientes a la chaqueta y pantalón, se seguirán las normas acostumbradas.

Todas las costuras se hacen cargadas.

Las vistas de los delanteros se encaran por el derecho, y después de pasar un pespunte por el borde a máquina, se vuelven hacia adentro sujetándolas por el revés de la chaqueta con un punto de lado.

La cintura del pantalón se rematará con un dobladillo o jareta por donde irá metida una goma que recogerá el vuelo en frunce.

Los ojales de la chaqueta se harán de hilo.

En el borde del delantero derecho, solapas y escote de la espalda, colocaremos un volante de la misma tela, muy fruncido. Tendrá unos 2 cm de anchura y una largura doble que el borde que hemos de cubrir. El volante conviene colocarlo entre la vista y la chaqueta. También adornaremos el borde de los puños.

Delantales: Primer modelo

En este modelo que presentamos en la figura 6, la falda está confeccionada con dos telas superpuestas, formando un bolsillo grande, por lo que resulta muy práctico.

El peto y abertura de los bolsillos están ribeteados con una ancha tira al biés de tela rayada.

Para el estudio de su trazado emplearemos las siguientes medidas:

Ancho de espalda	39 cm
Largo de talle espalda	42 cm
Largo de talle delantero	44 cm
Contorno de cuello	36 cm
Altura de hombro	37 cm
Contorno de cintura	76 cm
Largo de falda	42 cm
Altura de cadera	18 cm
Contorno de cadera	100 cm

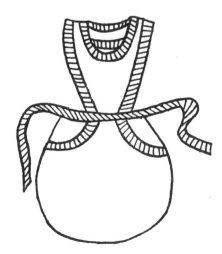

Figura 6. Modelo de delantal ribeteado con una tira rayada en el peto y los bolsillos.

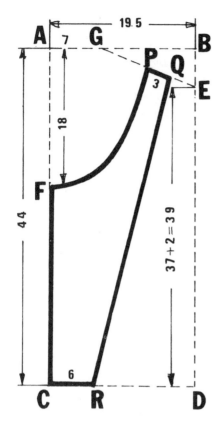

Figura 7. Patrón del peto delantero.

Trazado del cuerpo

Empezaremos trazando el peto delantero sobre el patrón-tipo. La sisa y la línea de pecho no son necesarias para el patrón que vamos a trazar.

Desde A a B pondremos la mitad del ancho de espalda y desde A a C el largo de talle delantero. (Fig. 7.)

Después trazaremos desde C una paralela a AB y señalamos el punto D, el cual lo unimos con B y nos queda formado el rectángulo.

En la línea DB pondremos la altura de hombro, más 2 cm, y señalamos el punto E.

La anchura del escote la pondremos como siempre de A a G, con la sexta parte de cuello, más 1 cm, y la bajada de escote desde A a F, con una medida de 18 cm.

La línea del hombro la trazaremos desde G a E, señalando en la mitad de dicha línea el punto P. Después trazamos la curva del escote de P a F.

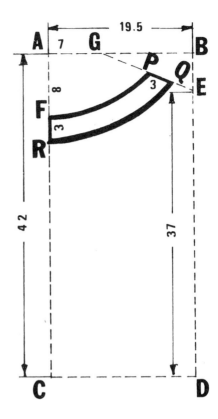

Figura 8. Patrón para cortar la tira que lleva la espalda.

Desde P en dirección a E marcamos 3 cm con el punto Q. A continuación, desde C hacia D, pondremos 6 cm, y señalamos el punto R.

Por último trazaremos una línea desde Q a R, quedando dibujado el peto.

Para trazar la tira que lleva la espalda nos basaremos en el patrón-tipo de espalda. (Fig. 8.)

El punto F no lo marcaremos con la bajada de escote acostumbrada, sino a 8 cm de A. Después, en el punto medio de la línea del hombro, señalaremos el punto P. Desde dicho punto hacia E marcamos 3 cm, señalando el punto Q.

A continuación señalamos a 3 cm de F el punto R. Después unimos mediante una curva los puntos PF y QR, quedando dibujada la tira de la espalda.

Trazado de la falda

El trazado de este patrón se realiza sobre el patrón-tipo de falda recta.

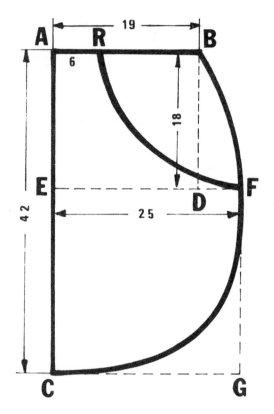

Figura 9. Patrón de la falda del delantal.

Empezamos trazando el ángulo recto ABC. (Fig. 9.) Desde A a B pondremos la cuarta parte de la vuelta de cintura y de A a C el largo de falda.

A continuación trazamos desde B una paralela a AC, poniendo la medida de altura de cadera y señalamos el punto D. Esta misma medida la pondremos desde A, hacia abajo, y señalamos el punto E.

Desde E, y en sentido horizontal, trazamos la línea de cadera, poniendo la cuarta parte del contorno de cadera, y señalamos el punto con la letra F.

A partir del punto F trazamos una paralela a EC y con su misma medida, señalando el punto G. Después unimos los puntos C y G quedando así trazada la línea del bajo.

La línea del costado la trazaremos mediante una curva desde B y F, continuando dicha curva hasta el punto C, tal como se ve en la figura 9.

Desde A, hacia B marcamos 6 cm, señalando el punto R. Dicho punto se une con F por medio de una curva pronunciada.

Con este patrón cortaremos las dos telas de la falda. Primero hay que cortar la de abajo que es la que forma el fondo del bolsillo. Para cortar la tela de arriba separaremos del patrón el trozo RBF, cortando por la curva RF.

Segundo modelo de delantal

El modelo de la figura 10 es muy práctico. Se abrocha en la espalda. El delantero es de una pieza y va entallado con pinzas. Los tirantes rodean el cuello. En la parte de delante lleva un bolsillo de parche.

Las medidas que empleamos para la explicación del modelo son las siguientes:

Ancho de espalda	39 cm
Largo de talle espalda	42 cm
Largo de talle delantero	44 cm
Altura de hombro	37 cm
Contorno de cuello	36 cm
Medida de sisa (mitad de su vuelta)	18 cm
Contorno de pecho: 88 más 4	92 cm
Contorno de cintura	76 cm
Contorno de cadera	100 cm
Altura de cadera	18 cm
Largo de falda (por el centro)	58 cm

Trazado de la espalda

El trazado de este patrón está basado en el patrón-tipo de espalda.

Trazaremos el rectángulo ABCD de la misma forma que ya hemos explicado en numerosas ocasiones y marcaremos los puntos E, H, I, K, L como en el patrón-tipo. (Fig. 11.)

Después entallaremos en el costado los centímetros que hay de diferencia entre la línea de pecho y la cuarta parte de cintura, que en este ejemplo son 4 cm, y señalamos el punto M. A continuación trazamos la línea de costado desde K a M.

Por último, desde los puntos I y C, respectivamente, pondremos 2 cm para el cruce y 3 cm para la vista.

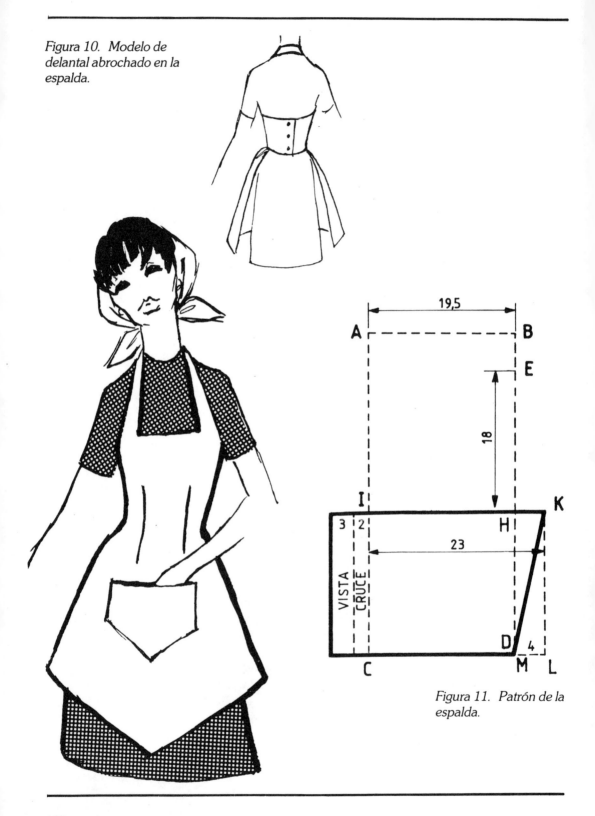

Figura 10. Modelo de
delantal abrochado en la
espalda.

Figura 11. Patrón de la
espalda.

Trazado del delantero

En primer lugar trazaremos la parte superior del delantal. Para ello dibujaremos el patrón-tipo corto recto, poniendo de bajada de escote 18 cm. La curva de la sisa no es preciso trazarla. (Fig. 12.)

El costado lo entallaremos igual que en la espalda, señalando el punto M a 4 cm de L. Después trazamos la línea de costado del cuerpo desde K hasta M.

En la línea del hombro señalamos el punto P a 4 cm de G y unimos dicho punto con K.

Desde F trazaremos una línea horizontal hasta la línea PK, en la que señalamos el punto Y. En dicha línea y a 4 cm de Y señalamos el punto Z.

Trazando la línea GZ queda dibujado el escote. El tirante lo prolongaremos desde G, poniendo los mismos centímetros que el ancho de escote, y señalamos el punto G_2. Desde el punto P, prolongamos también la línea hasta la misma altura de G_2.

Seguidamente trazaremos la falda, unida por la cintura al cuerpo.

La línea AC la prolongaremos con el largo de la falda y señalamos el punto C_2.

Desde C pondremos la altura de cadera, señalando el punto O. Desde este punto, y en sentido horizontal, trazamos la línea de cadera, poniendo la cuarta parte de su vuelta, y señalamos el punto O_2.

La línea del costado de la falda la trazaremos desde M, pasando por O_2 hasta L_2. Dicha línea tendrá de largo 15 cm menos que la C C_2. desde C_2 a L_2 trazamos la línea del bajo.

En la cintura se pone una pinza para rebajar los 2 cm que le hemos añadido a la línea de pecho.

El centro de dicha pinza lo pondremos a 8 cm de C y tendrá una largura de 10 cm por arriba y 8 cm por abajo.

El bolsillo se dibuja sobre la falda y después se calca en papel aparte. Para su trazado marcamos un punto a 5 cm de C, y desde este punto, y en sentido horizontal, trazamos una línea de 13 cm. Desde el extremo de dicha línea bajamos 6 cm, y desde este punto trazamos una línea hasta el punto O, quedando así dibujado el bolsillo. (Vea la figura 12.)

Tercer modelo de delantal

Para este sencillo modelo de delantal de la figura 13 no hemos especificado medidas concretas. No obstante explicaremos la forma de realizar el patrón, pudiéndose adaptar después cualquier medida.

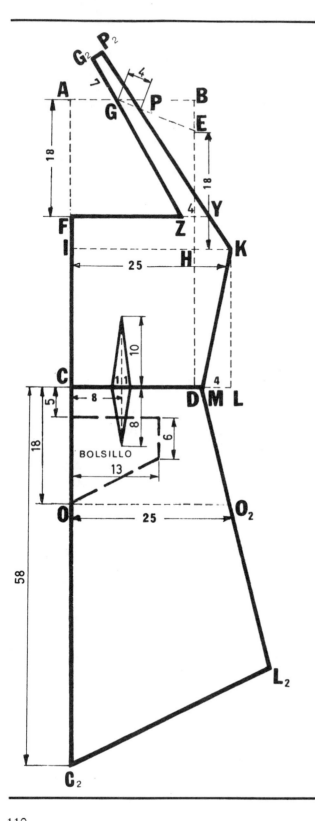

Figura 12. Patrón del delantero.

BOLSILLO

Figura 13. Modelo de delantal con volantes.

110

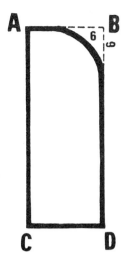

Figura 14. Patrón del peto.

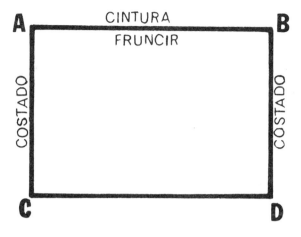

Figura 15. Patrón de la falda.

Trazado del cuerpo

Dibujaremos un rectángulo, tal como se ve en la figura 14, poniendo de A a B la medida de la cuarta parte del ancho de espalda. Desde A a C pondremos la medida de altura de pecho, más 2 cm. (Esta medida se toma desde la cintura hasta la parte más saliente del pecho.)

La esquina formada por el ángulo B, la redondearemos, dejando 6 cm a uno y otro lado de B.

Para obtener el peto completo, haremos coincidir la línea AC con el doblez de la tela.

Trazado de la falda

La falda es sencillamente un rectángulo como puede ver en la figura 15, cuya largura será igual a la medida de la vuelta de cintura, es decir de A a B. Desde A a C, que es el ancho del rectángulo, pondremos el largo de la falda, menos 8 cm. Estos 8 cm se rebajan porque es la anchura que daremos al volante de la falda, por su parte inferior.

El volante que bordea el peto, el bolsillo y el que va situado en la misma costura del volante de la falda, tiene 4 cm de anchura. El largo de cada volante ha de ser el doble de la medida que han de cubrir.

Los tirantes son simplemente una tira de 4 cm de ancho, que rodea por detrás el cuello. De este mismo ancho, se puede cortar la tira que nos servirá para anudar el delantal por la parte de la espalda.

Al lado derecho de la falda se coloca un bolsillo de parche adornado con un volante fruncido como el del peto.

Pantalón con vuelo en el bajo

Este pantalón, con vuelo en el bajo, se puede utilizar para varias ocasiones, según que le demos más o menos anchura. Puede usarse como pantalón para fiesta, haciéndolo en una tela apropiada o como pantalón para un kimono, o incluso para un pijama de fantasía, todo dependerá de la moda, de la tela que se utilice y del gusto de cada uno. Los géneros más apropiados para este tipo de pantalón son: el punto de seda, lamé, algunos tipos de lana fina, muselina tupida, etc.

Trazado del delantero

Comenzaremos como siempre, trazando un rectángulo con las letras ABCD. (Fig. 16.)

Pondremos desde A a B la cuarta parte de la medida de cadera. Desde A hasta C la medida del largo del pantalón y cerraremos el rectángulo trazado desde C una paralela AB, señalando el punto D, el cual unimos con el punto B.

En B se mete 1 cm y desde aquí, en dirección hacia A, pondremos la cuarta parte de la medida de cintura (en este ejemplo son 18 cm) señalando los puntos B_2 y A_2. Desde D a E pondremos la medida de entrepierna.

De C a N se sacan 12 ó 14 cm según se desee de ancho el pantalón, y desde N hasta A_2 trazaremos una recta, obteniendo así la línea del costado.

Desde N hasta F pondremos el ancho que deseemos dar al bajo o pata (en este ejemplo hemos puesto 50 cm).

Después, desde el punto E, hacia afuera, pondremos la cuarta parte de lo que mida la línea AB (en este ejemplo son 5,5 cm) y señalamos el punto G. A continuación trazamos la línea de tiro desde B_2 a G, procurando poner bien exacta la medida, como ya explicamos en anteriores pantalones de señora.

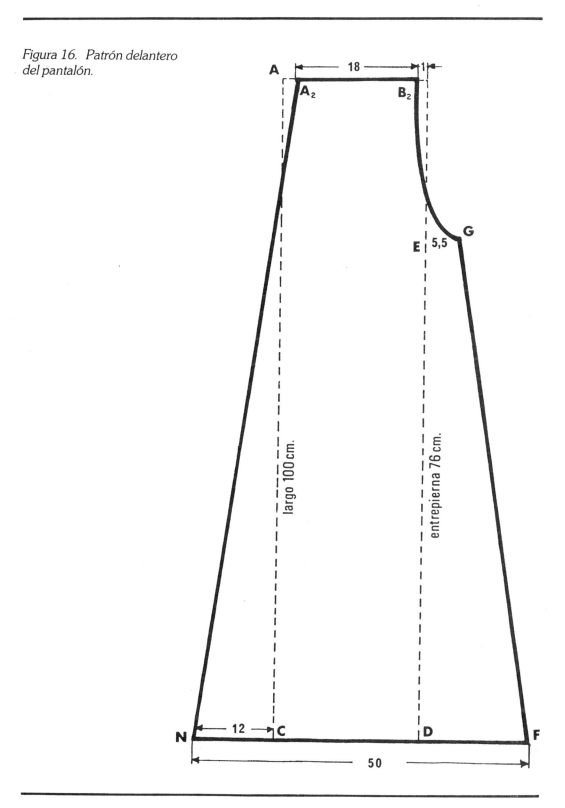

Figura 16. Patrón delantero
del pantalón.

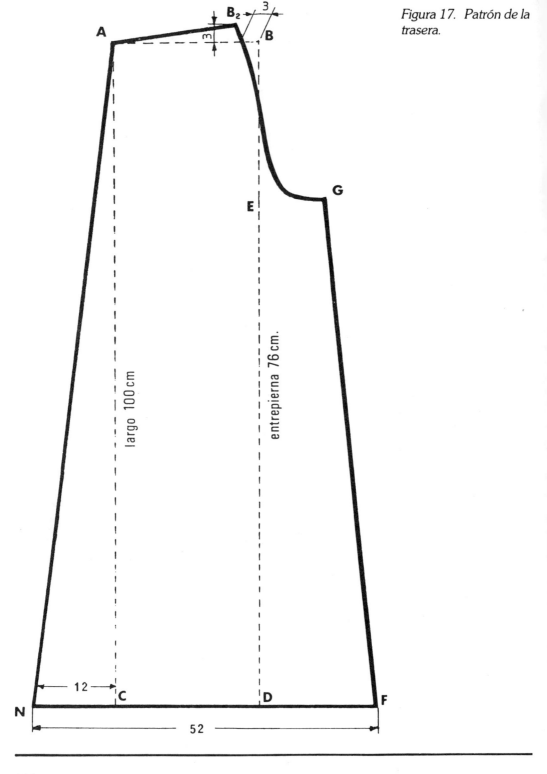

Figura 17. Patrón de la trasera.

Trazado de la trasera

Empezaremos, como en el patrón delantero, trazando un rectángulo con las letras ABCD. (Fig. 17.)

En la línea AB pondremos la cuarta parte de la medida de cadera, y en la línea AC el largo del pantalón. Desde el punto C trazamos una paralela a AB, y señalamos el punto D, el cual unimos con B, quedando así cerrado el rectángulo.

Desde el punto D, hacia arriba, ponemos la medida de entrepierna marcando el punto E. Desde E, hacia la derecha, pondremos la cuarta parte de la línea AB, o sea la octava parte de la medida de cadera, y marcamos el punto G.

A continuación, sacaremos 12 ó 14 cm desde el punto C y señalamos la letra N. Uniremos N con A por medio de una línea recta, quedando así dibujada la línea del costado.

Desde B, hacia la izquierda, pondremos 3 cm y desde aquí hacia arriba subiremos otros 3, marcando el punto B_2, que uniremos con A.

La medida de tiro la pondremos desde B_2 hasta G, tal como se ve en la figura 17. Esta medida, al igual que en el delantero ha de ponerse exacta.

A partir del punto N, hacia la derecha, pondremos la medida de pata trasera, que en este caso son 52 cm, y señalamos el punto F.

Por último uniremos el punto F con G, quedando así terminado el patrón.

Algunos consejos sobre la confección del pantalón

La principal característica de este pantalón es su gran amplitud en el bajo, y una de estas cosas que hemos de cuidar en la prueba es que quede ajustado en la cadera y en el tiro, de lo contrario daría la impresión de que le queden grandes los pantalones a la señora.

La tela necesaria para confeccionarlo es de cuatro largos de pantalón, si el ancho de la tela es de 80 o 90 cm, o bien de dos largos en el caso de que la tela mida de ancho 1,30 o 1,50 m aproximadamente.

La cremallera se puede poner en el costado o en la costura de atrás. Siempre quedará más bonito que poniéndola delante.

También queremos advertir que no es necesario poner entretela en el bajo o pata, ya que es preferible que no quede muy tieso, pues al tener tanto vuelo no quedaría bonito si se la pusiera.

6

Vestido de novia y prendas para futuras madres

Vestido de novia

El vestido que presentamos en la figura 1 se confecciona en broca-do o raso.

El cuerpo es japonés, entallado a base de costadillo, muy ceñido, y baja unos centímetros del talle, terminando en pico por la parte de delante. El centro va abotonado con una hilera de pequeños botones forrados del mismo género del vestido.

La falda es de capa entera ligeramente fruncida. Lleva un volante plisado de tul, en el bajo.

Para el estudio de su trazado emplearemos las medidas siguientes:

Medidas del cuerpo

Ancho de espalda	40 cm
Largo de talle espalda	43 cm
Largo de talle delantero	45 cm
Altura de hombro	38 cm
Contorno de cuello	36 cm
Sisa (mitad de su vuelta): 19 menos 1	18 cm
Contorno de pecho: 88 más 4	92 cm
Contorno de cintura	68 cm
Largo de manga	59 cm
Contorno de muñeca (justa)	16 cm

Medidas de la falda

Largo total de la falda: 100 menos 20	80 cm
Contorno de cintura	68 cm
Altura cadera	19 cm
Contorno de cadera	100 cm

A la medida de sisa, le hemos rebajado 1 cm, porque la sisa de este modelo es bastante ajustada.

Al largo total de falda le hemos rebajado 20 cm, para dejar sitio al volante del bajo. Téngase en cuenta que la medida de largo total hay que tomarla desde la cintura hasta el suelo.

Figura 1. Modelo de vestido de novia muy ceñido en el cuerpo.

Trazado del cuerpo

Patrón de la espalda

El patrón básico para trazar este japonés es el patrón de espalda del segundo modelo de vestido que explicamos en el capítulo 1. Una vez realizado dicho patrón, haremos las modificaciones precisas para el japonés con costadillo. (Fig. 2.)

El cálculo para el entalle lo haremos de la misma forma que lo hemos venido haciendo hasta ahora en el patrón de espalda. Los centímetros obtenidos se reparten entre el costado, el centro de espalda y el

Figura 2. Patrón de espalda con costadillo.

Figura 3. Patrón del cuadradillo dividido en cuatro partes iguales.

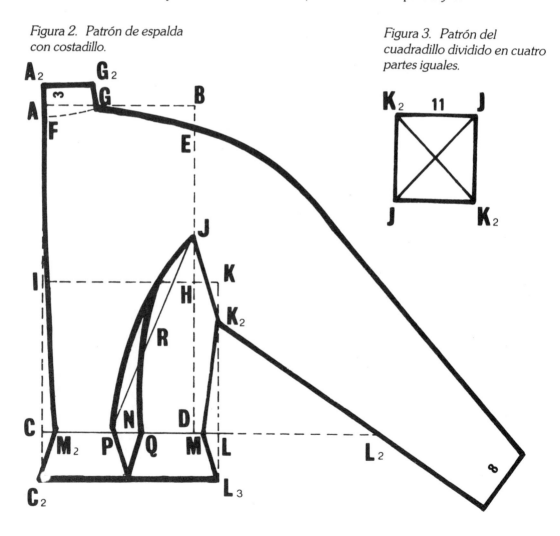

costadillo, dando doble entalle en la costura del costadillo. En el centro no le haremos costura, sino una pinza que llegará hasta el punto I.

Para trazar el costadillo señalaremos en el centro de la línea M_2 M el punto N y, a ambos lados de esta letra, se marcan los centímetros de entalle, señalando los puntos P y Q. Después se traza una línea desde el punto J, situado en la tercera parte de E H (como en las sisas corrientes), hasta el punto P. En el centro de la línea J P señalamos el punto R. A continuación trazamos una curva desde J hasta P, pasando a 2,5 cm del punto R. Después trazamos la curva J Q, pero observe en la figura 2 que dicha curva no pasa por R y que se une con la J P en la línea de pecho.

A continuación alargaremos la espalda 6 cm desde los puntos C y L, señalando los puntos C_2 y L_3, respectivamente. Después unimos cada uno de estos puntos con las letras M_2 y M.

El cuello es una especie de tirilla unida al escote. Para su trazado subiremos 3 cm desde A y G, respectivamente, y señalamos los puntos A_2 y $\overset{\bullet}{G}_2$, que uniremos mediante una recta.

Para dar holgura a la manga pondremos un cuadradillo, cuya abertura señalaremos desde K_2 a J. Este cuadradillo se realiza aparte con la medida de la abertura K_2 J y se corta dividido en cuatro partes iguales. (Fig. 3.)

Después se separa la pieza central del costadillo y se añade un trozo del cuadradillo a la manga y otro al costadillo, haciendo la unión por la línea J K_2. Observe en las figuras 4 y 5 la unión de estos trozos.

Las otras dos partes que nos quedan por unir son para el delantero, que se colocan de la misma forma, quedando así completo el cuadradillo.

Patrón del delantero

En primer lugar calcaremos el patrón base de la espalda que acabamos de trazar y a continuación efectuaremos las modificaciones correspondientes, de acuerdo con lo explicado en el capítulo 1 acerca de las diferencias que deben existir entre los patrones de espalda y delantero japoneses.

El hombro lo trazaremos 1 cm más bajo que la espalda. (Fig. 6.)

La inclinación de la manga la disminuiremos 2 cm y el bajo o bocamanga (distancia T U) medirá 1 cm menos.

A estas modificaciones añadiremos las siguientes, de acuerdo con el modelo:

En la bajada de escote pondremos 14 cm. El largo de talle delantero tendrá 2 cm más que en la espalda, como en otros patrones, los

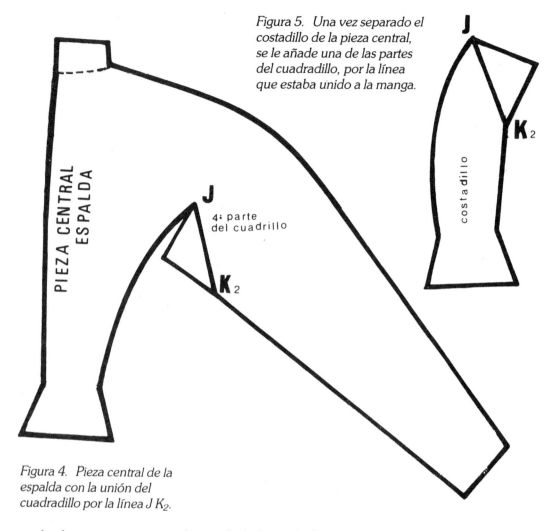

Figura 5. Una vez separado el costadillo de la pieza central, se le añade una de las partes del cuadradillo, por la línea que estaba unido a la manga.

J

4: parte del cuadrillo

K_2

PIEZA CENTRAL ESPALDA

costadillo

K₂

J

Figura 4. Pieza central de la espalda con la unión del cuadradillo por la línea $J K_2$.

cuales los aumentaremos alargando la línea A C, modificando a continuación la línea de cintura. A la línea del pecho sólo le aumentaremos 1 cm por la parte central del delantero, porque en los japoneses muy entallados no conviene dar mucha holgura, a fin de que la prenda quede ajustada y no aumente demasiado el vuelo de la cintura. Después trazamos la línea de centro desde F, pasando por la prolongación de la línea de pecho, hasta el punto C_2.

A continuación hallamos la diferencia entre la línea C_2 L y la cuarta parte de cintura. Suponiendo que el resultado sea de 9 cm, entallaremos 3 cm en el costado y los 6 cm restantes en la costura del costadillo.

El trazado del costadillo, así como la colocación de las dos piezas del cuadradillo, lo efectuaremos igual que en la espalda.

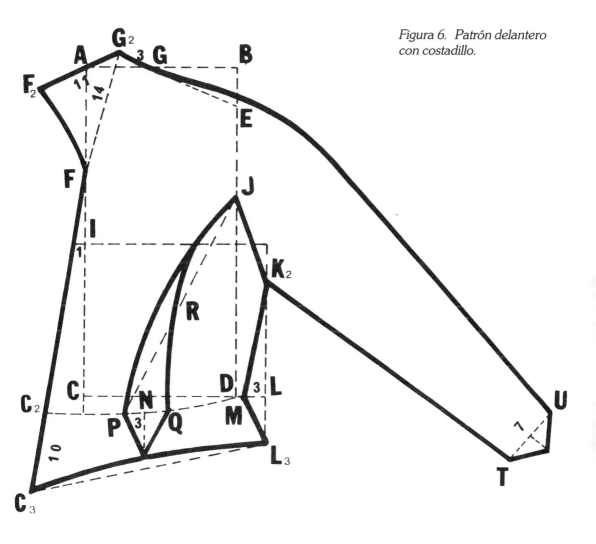

Figura 6. Patrón delantero con costadillo.

El delantero lo alargaremos 10 cm desde C_2 y 6 cm desde L, señalando los puntos C_3 y L_3, los cuales se unen con una ligera curva (Vea la figura 6.)

Para realizar el cuello, prolongaremos 3 cm la línea del hombro-base, señalando el punto G_2. Después trazaremos una recta de 11 cm, que parte de G_2, pasa por A y termina en F_2. Desde F_2 trazaremos una línea que curvaremos suavemente hasta F. La línea G_2 F indica el doblez de la solapa.

La distancia G G_2 es lo que va en costura con el cuello de la espalda.

Para terminar, modificaremos el bajo de la manga, trazando desde el centro de la línea TU una línea de 2 cm, la cual uniremos con los puntos T y U.

Aunque el delantero es abierto por el centro, no lleva cruce porque se abrocha con botoncitos y presillas. Sin embargo, hay que ponerle vistas.

Trazado de la falda

La falda es de capa entera, por consiguiente la trazaremos según las normas dadas en el capítulo 10 del Volumen 1.

En la figura 7 puede ver el patrón-tipo que hay que utilizar para el trazado de la falda de capa, con las modificaciones precisas para el modelo.

Desde la cintura se rebajan 6 cm, porque recuerde que el cuerpo baja 6 cm, más que el talle. Por el centro ensancharemos el patrón 10 cm, con lo que habremos obtenido el vuelo necesario para los frunces del borde superior de la falda.

En el centro de la distancia $A_2 B_2$, señalaremos el punto I, trazando a continuación la recta I J, por la que haremos un corte, como ya explicamos en el capítulo 10 (Vol. 1). Puesto que el procedimiento que debemos emplear para continuar el trazado de esta falda se indica en aquel capítulo puede remitirse a él si tuviera alguna duda.

El volante que lleva el modelo, ya dijimos que es de tul plisado. Para su realización se cortará una tira al hilo de 22 cm de ancho por una largura tres veces la medida del contorno del bajo de la falda.

Puesto que la manga del modelo es bastante ajustada en el bajo, dejaremos una abertura en la costura exterior de unos 10 cm, y colocaremos unos botoncitos forrados con las correspondientes presillas para abrochar.

Bata de casa

El modelo de bata de la figura 8 puede ser utilizado para futuras madres, ya que, al ser un modelo bastante cruzado y no llevar botones, puede ir ensanchándose a medida que el volumen de la madre vaya aumentando, dejando la parte del delantero que monta, menos cruzada.

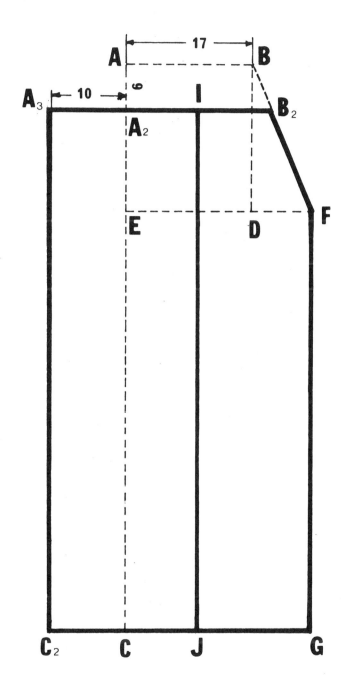

Figura 7. Patrón-tipo para realizar la falda de capa.

Figura 8. Modelo de bata.

Para la explicación de su trazado no hemos especificado medidas concretas, pudiéndose adaptar a las medidas de cada persona.

Trazado de la espalda

Empezaremos trazando el patrón-tipo de espalda largo recto. (Fig. 9.)

Una vez trazado el patrón-tipo, daremos 4 cm de holgura en la línea de cadera, señalando el punto O_3 y en la curva de la sisa escotaremos 2 cm más para que quede amplia, trazando la curva desde J hasta K_2.

La línea del costado la trazaremos desde K_2, hasta O_3, continuando dicha línea hasta que se corte con la prolongación de la línea del bajo en el punto L.

Para dar más vuelo a la bata, sacaremos 2 cm desde F, señalando el punto A_2, y desde C_2 sacaremos 4 cm, marcando el punto C_3, trazando a continuación la línea definitiva del centro de la espalda desde A_2 hasta C_3.

Para rebajar los 2 cm que hemos ensanchado el escote, cogeremos una pinza de 2 cm de profundidad y 8 cm de largura, tal como se ve en la figura 9.

Trazado del delantero

Lo mismo que en la espalda, empezaremos trazando el patrón-tipo delantero largo recto, pero en este caso no dibujaremos el escote ni la línea del costado. (Fig. 10.)

La línea de cadera la prolongaremos 7 cm desde O_2 y señalamos el punto O_3. La sisa la escotaremos 2 cm como en la espalda y señalamos el punto K_2.

Después trazaremos la línea de costado con la misma medida que en el patrón de espalda, empezando en K_2, pasando por O_3, hasta L.

Desde el punto A bajamos 3 cm y marcamos el punto F, que unimos con el punto G mediante una recta. A continuación marcamos desde C y C_2, hacia afuera, 14 cm para el cruce, con los puntos Z y C_3. En este caso el cruce debe ser ancho por la finalidad de la prenda.

En el delantero que monta se redondea la esquina del bajo con una curva cuyos extremos estén a 25 cm del punto C_3.

Para dibujar el borde de la solapa prolongaremos la línea B A 7 cm, señalando el punto A_2. Desde este mismo punto añadimos 4 cm más y

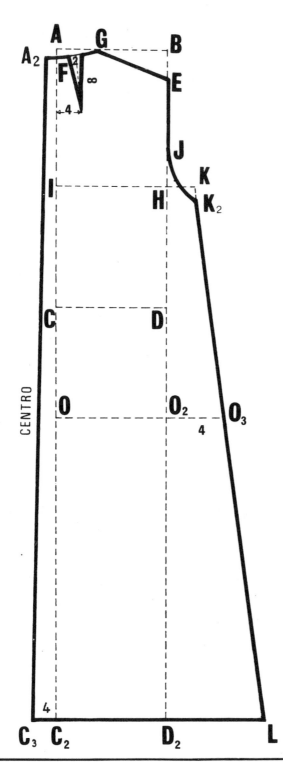

Figura 9. Patrón de la espalda.

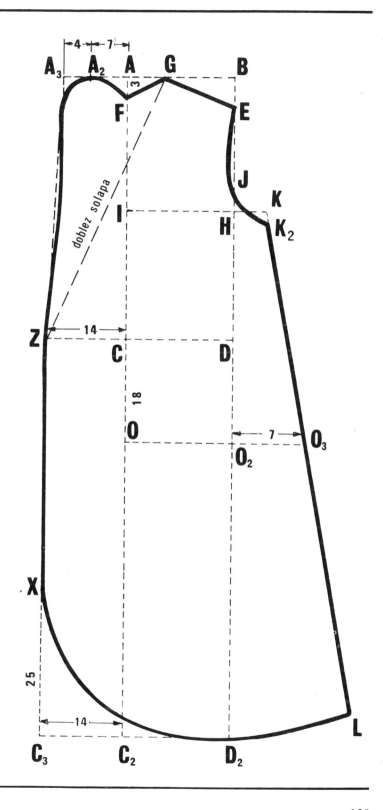

Figura 10. Patrón del delantero.

señalamos el punto A_3. A continuación trazaremos una recta auxiliar desde A_3 a Z. La solapa la dibujaremos con una curva desde F hasta A_2, continuando hasta Z como se ve en la figura 10.

Desde el punto Z hasta G, trazaremos una línea auxiliar que será el doblez de la solapa.

La vista se traza sobre el mismo patrón del delantero en la forma acostumbrada, calcándola después, a otro papel.

Trazado de la manga

Realizaremos el patrón de esta manga, trazando el patrón-tipo de manga recta, sin la medida del contorno de muñeca. (Fig. 11.)

Para dar más amplitud al bajo de la manga sacaremos 2 cm desde C y señalamos el punto K, el cual unimos con D, quedando así trazada la costura de sangría.

Trazado del bolsillo

Se traza un rectángulo de 16 cm de ancho por 18 cm de largo. (Fig. 12.)

Para dibujar la cartera trazamos desde el centro de la distancia A B una línea paralela a A C y con una medida de 9 cm. Desde el extremo de dicha línea trazamos dos rectas, una hacia el punto A, y otra hacia B. Con estas líneas auxiliares podemos dibujar la forma de la cartera, tal como se ve en la figura 12.

El chaquetón

El modelo que presentamos en la figura 13, es de manga canesú, y lleva dos pliegues encontrados delante que dan bastante holgura a la prenda.

Trazado de la espalda

Comenzaremos trazando el patrón-tipo de espalda largo recto, elevando el hombro 1 cm. (Fig. 14.)

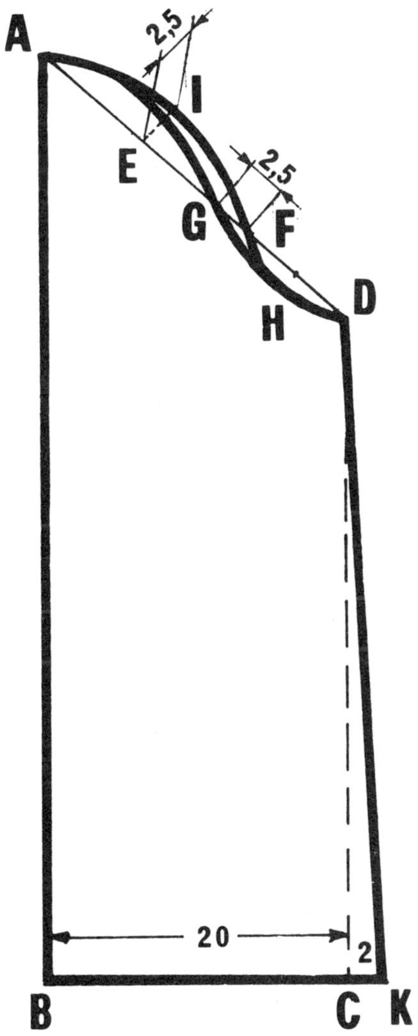

Figura 11. Patrón de la manga.

Figura 13. Modelo de chaquetón con dos pliegues en el delantero.

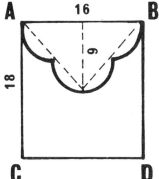

Figura 12. Patrón del bolsillo y de la cartera.

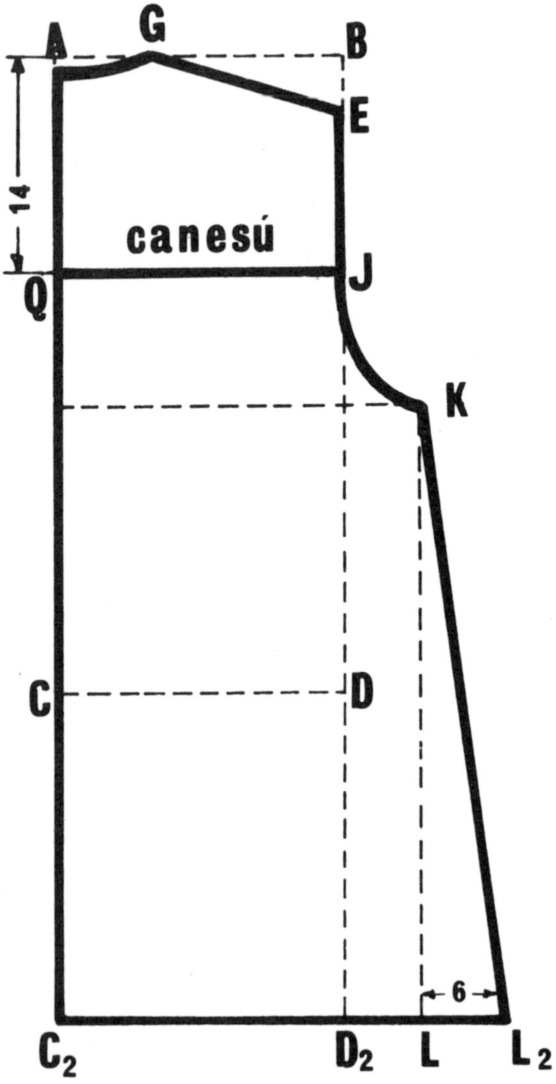

Figura 14. Patrón de la espalda.

En la línea del bajo, pondremos 6 cm desde L para dar más vuelo a la prenda, y señalamos el punto L_2, trazando a continuación la línea del costado desde K hasta L_2.

Para trazar el canesú, bajaremos 14 cm desde A y B, uniendo después ambos puntos mediante una recta.

Trazado del delantero

Una vez hayamos trazado el patrón-tipo delantero largo recto, se eleva el hombro 1 cm, como en la espalda, y en la línea del bajo se sacan 6 cm desde L, señalando el punto L_2. Desde este punto elevamos los 2 cm que hemos dado de más al delantero y trazamos la línea del costado hasta el punto K. (Fig. 15.)

Figura 15. Patrón del delantero.

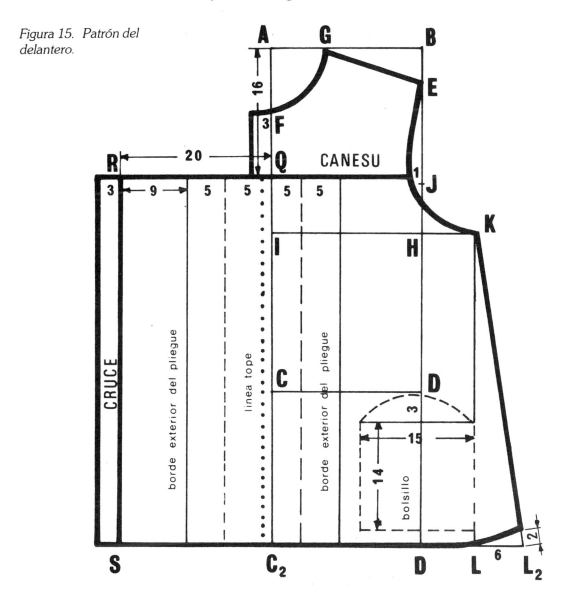

El canesú tiene de largo 2 cm más que en la espalda y de ancho 3 cm, para el cruce, que los añadiremos desde los puntos F y Q, respectivamente.

A la pieza del cuerpo hay que añadirle el trozo necesario para los pliegues. Si a cada pliegue le damos una profundidad de 10 cm, como son dos pliegues, serán 20 cm los que tenemos que añadir. Así es que alargaremos desde Q esos 20 cm, señalando el punto R. En el bajo haremos lo mismo desde el punto C_2 y señalamos el punto S, uniendo después este punto con R. Desde T y S aumentaremos 3 cm más para el cruce.

A 9 cm de los puntos R y S trazaremos cinco líneas paralelas separadas entre sí 5 cm, que nos indicarán el plegado de los pliegues.

La vista la pondremos postiza. Esta se dibuja sobre el mismo patrón, calcándola después en papel aparte para cortarla por separado en la tela.

Para poder dibujar la vista es necesario separar el trozo del canesú del resto del delantero, ya que es preciso doblar los pliegues en el papel con objeto de hacer coincidir el cruce del canesú con el cruce del cuerpo. Una vez doblados los pliegues se dibuja la vista dándole la forma del escote por arriba, puesto que el cuello se llevará abierto formando solapa.

Trazado del bolsillo

El bolsillo se dibuja en el delantero, tal como se ve en la figura 15 y después se calca en otro papel para cortarlo por separado, puesto que se trata de un bolsillo de parche.

Trazado de la manga

Su trazado es semejante al de la manga ranglán que ya hemos estudiado en el capítulo 3.

En primer lugar se trata el patrón-tipo de manga recta. Después abriremos el papel, ya que dicho patrón se debe trazar sobre papel doblado, y señalamos con una línea de trazos el centro de la manga. Conviene señalar las dos mitades del patrón con las palabras trasera y delantera para evitar confusiones. (Fig. 16.)

Desde el punto A, hacia abajo, marcamos 8 cm con la letra X.

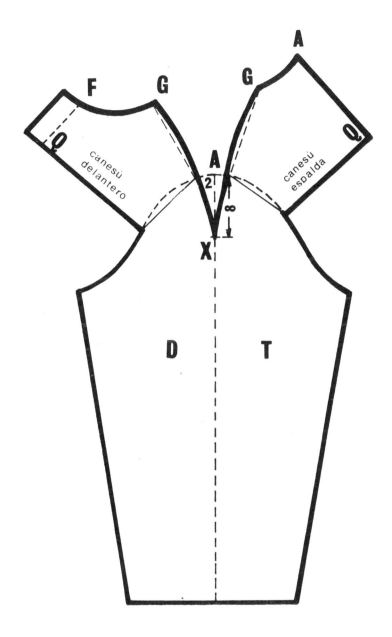

Figura 16. Patrón de la manga.

Los dos trozos del canesú que habremos recortado del cuerpo se colocan sobre la enmangadura, poniendo el canesú de la espalda sobre la enmangadura trasera, a 2 cm de A, y el canesú delantero sobre la enmangadura delantera, también a 2 cm de A, tal como se ve en la figura 16.

Finalmente trazamos una ligera curva desde G hasta X en cada una de las partes del canesú.

Trazado del cuello

El patrón del cuello se traza de la misma forma que el que realizamos en el capítulo 9 (Vol. 1) para el «Segundo modelo de blusa», pero con la punta redondeada, puesto que así lo presenta el modelo.

El largo que le pondremos al cuello tendrá la medida de la curva del escote, hasta el borde del cruce, ya que este cuello ha de llegar hasta la esquina de la solapa.

La combinación

Esta prenda es abierta por la espalda y muy cruzada para poderle dar la amplitud necesaria. (Fig. 17.)

Trazado de la espalda

Este patrón lo trazaremos sobre el patrón-tipo largo recto de espalda con las siguientes modificaciones:

El costado lo entallaremos 1 cm desde L y señalamos el punto M. (Fig. 18.)

La línea del bajo la prolongaremos 10 cm desde L_2 para darle más vuelo, señalando el punto L_3.

Desde K subiremos 1 cm con el punto K_2 trazando a continuación la línea del costado dese K_2 hasta M y desde M hasta L_3.

A 10 cm de I, en la línea de pecho, señalaremos el punto O, desde el cual subiremos 5 cm, señalando el punto P, el cual uniremos mediante una recta con K_2.

El cruce lo trazaremos prolongando las líneas de cintura y bajo con la medida CM, señalando los puntos Ñ y C_3, respectivamente. Trazando las líneas P Ñ y Ñ C_3, queda terminada la espalda.

Junto al punto Ñ se confecciona un ojal de hilo para abrochar en cualquiera de los tres botoncitos que colocaremos a partir del punto M, en el talle.

Figura 17. Modelo de combinación abierta por la espalda.

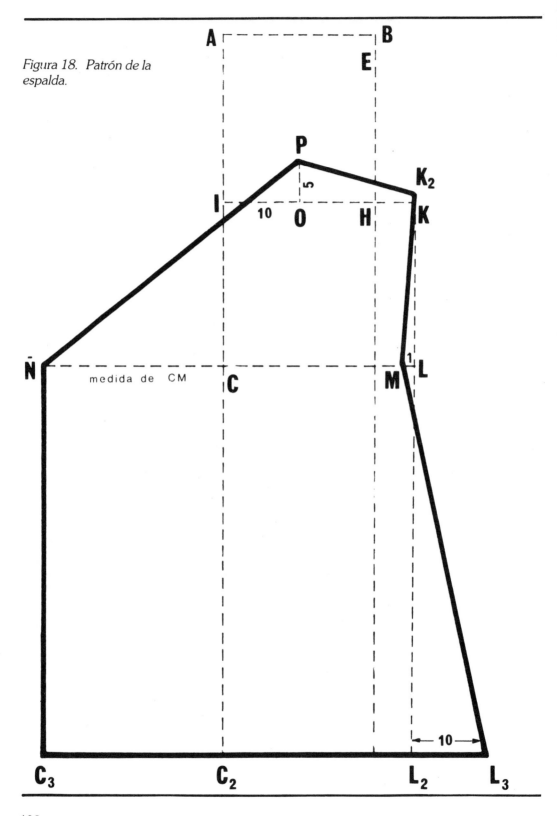

Figura 18. Patrón de la espalda.

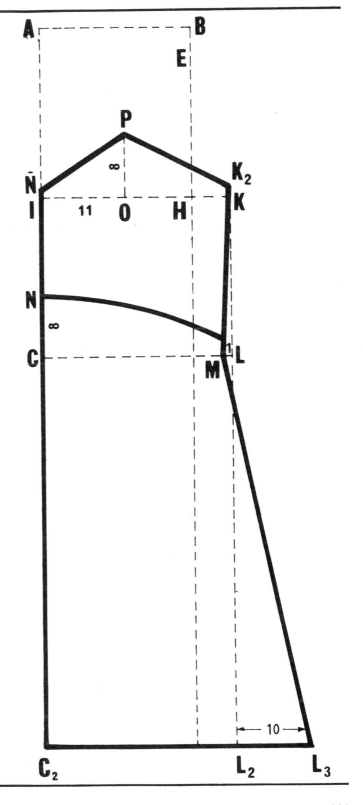

Figura 19. Patrón del delantero

Trazado del delantero

Emplearemos como base el patrón-tipo delantero largo recto, con las modificaciones de entalle en el costado y vuelo en el bajo, como en la espalda. (Fig. 19.)

Después marcaremos a 11 cm de I el punto O. Por encima de los puntos I y K, de la línea de pecho, marcaremos a 1 cm los puntos Ñ y K_2, respectivamente.

Desde O subiremos 8 cm señalando el punto P, trazando después las líneas ÑP y PK_2.

A continuación desde el punto C, hacia arriba, marcaremos 8 cm con el punto N, desde el cual trazaremos una curva que terminará 2 cm por encima de M, separando así la parte superior de la falda.

7

Patrones con frunces de adorno

En este capítulo vamos a dedicarle un estudio especial a los frunces que se emplean como adorno en algunos modelos de prendas femeninas.

La característica de esta clase de frunces, es que la pieza fruncida, únicamente queda con vuelo en la proximidad del frunce, mientras que en el borde opuesto queda reducida a su medida justa. En cambio para los frunces corrientes, los que se emplean para dar vuelo, las piezas hay que ensancharlas totalmente.

Primer modelo de vestido con sobrefalda drapeada

En el modelo de vestido que presentamos en la figura 1, el cuerpo es cruzado, con frunces en el lado izquierdo que encajan con la costura del costado. (En el dibujo los frunces se ven representados en el lado derecho, porque tal como vemos el modelo está a nuestra derecha.)

El escote es algo subido y la falda delantera lleva un corte inclinado en el que encaja la sobrefalda.

En este modelo puede usted observar cómo los frunces se van desvaneciendo poco a poco, quedando el otro extremo ceñido, por lo que se deduce que el borde de los frunces es necesario ensancharlo, y en cambio, el borde opuesto, no.

Para la explicación de este modelo no hemos dado medidas concretas, pudiendo realizarse según las medidas de la persona.

Trazado del cuerpo

Patrón de la espalda

Este patrón se realiza como el patrón-tipo entallado con pinzas. La única variante es que al llevar el cuello levantado se ha de subir el escote 2 cm, de la misma forma que lo hicimos en el vestido de novia del capítulo anterior.

Figura 1. Modelo de vestido con frunces en el cuerpo y en la sobrefalda.

Patrón del delantero

En este caso hemos de trazar dos patrones, ya que el lado izquierdo es liso, mientras que en el lado derecho hay que aumentar los centímetros necesarios para el cruce que llega hasta el costado.

Una vez trazado el patrón-tipo (según las medidas personales) lo transformaremos según las particularidades del modelo.

Tanto en el patrón del lado derecho, como en el izquierdo, añadiremos 2 cm para el cruce en la línea de centro. El escote lo subiremos 2 cm, tal como se ve en la figura 2. Para ello alargaremos la línea del hombro 2 cm, desde G hasta el punto G_2, trazando a continuación una curva paralela a la del escote-tipo que termine en la esquina del cruce, redondeando ésta suavemente.

A la medida de altura de hombro, línea E D, le añadiremos 2 cm que necesitaremos para la pinza del costado.

Con el fin de perfeccionar el patrón, modificaremos la pinza del costado alargando la línea superior hasta que tenga la misma medida que la inferior, con objeto de que los dos bordes midan igual y no quede defectuosa al coserla en la tela. A continuación, se rectifica la línea del costado, trazando ésta desde el punto K hasta el punto M_2.

Seguidamente aumentaremos, al patrón correspondiente al lado derecho, el trozo del cruce que ha de llegar hasta el costado izquierdo. Para esto alargaremos la línea de pecho KI hasta K_2, poniendo desde I a K_2 los mismos centímetros que hay desde K a I.

La línea L C la prolongaremos hasta M, con la medida de la cuarta parte de cintura. Después unimos los puntos K_2 M mediante una línea. Como los drapeados no admiten pinzas, le daremos todo el entalle en el costado.

En la mitad de la distancia K_2 M, señalaremos el punto O, desde el que trazaremos una línea hasta el borde del cruce, a la altura del punto I.

Para dar a la línea O M el vuelo preciso para los frunces, sin que el resto del patrón altere su medida, dibujaremos tres líneas que van desde O M hasta la línea de centro, tal como se ven en la figura 2.

Después se recorta el patrón por todo su contorno y también por las tres líneas dibujadas desde O M. A continuación se coloca el patrón sobre otro papel y se calca todo su contorno, abriendo los trozos cortados en abanico, unos 2 cm aproximadamente en cada corte.

Figura 2. Trazado del delantero.

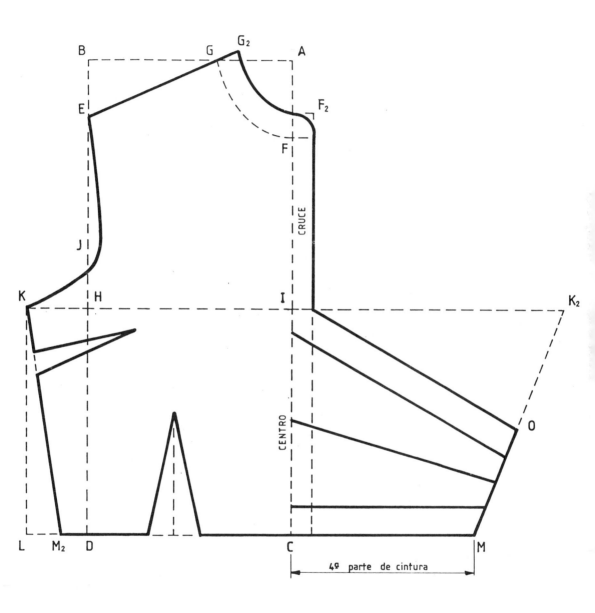

Trazado de la falda

Patrón de la trasera

Este patrón se realiza como el patrón-tipo de falda recta con pinza, no es necesario que repitamos la explicación y el dibujo. Por si no recuerda la forma exacta de realizarlo en el capítulo del Volumen 1 encontrará la explicación.

Patrón del delantero

En la figura 3 está representado el delantero de la falda con la sobrefalda, cuya pieza, una vez trazada hay que separarla, calcándola a otro papel.

Este patrón se realiza también como el patrón-tipo de falda recta. Se dibuja como siempre la mitad del patrón, pero en este caso lo haremos sobre el papel doblado, puesto que es preciso obtener el patrón completo para adaptarlo al modelo.

Antes de desdoblar el papel hay que pasar fuertemente el lápiz por el contorno del patrón, con objeto de que quede señalado en el papel de abajo, y de esta forma quedará trazado el delantero completo al desdoblar el papel.

A continuación, señalaremos la costura donde encaja la sobrefalda. Para ello marcaremos, en la línea de cintura, el punto R, a 8 cm del punto B. Sobre la línea de cadera, señalaremos a 12 cm de F el punto S. Desde este punto subiremos 5 cm en línea recta y marcamos el punto T, trazando a continuación una línea desde R a T. Después trazaremos desde T una pequeña curva que vaya a unirse con la línea de cadera, en dirección a F.

La línea R T representa la costura donde encaja la sobrefalda. La línea T F señala una pieza o canesú que lleva la falda en el lado izquierdo y que hay que separar al recortar el patrón para unirla en costura al confeccionar la falda.

La sobrefalda la trazaremos del modo siguiente:

Prolongaremos 15 cm la línea R T y señalaremos el punto U. En este punto apoyaremos la escuadra y, formando ángulo recto con la línea U R, trazaremos la línea U V que termina en la línea del bajo.

Desde G, hacia arriba, marcamos 18 cm con el punto X, y trazaremos una recta desde X, pasando a 3 cm del punto G y terminando 1 cm más abajo de la línea del bajo de la falda, donde señalaremos el punto

Figura 3. Trazado del delantero de la falda. Las líneas de trazos más gruesos indican el contorno de la sobrefalda.

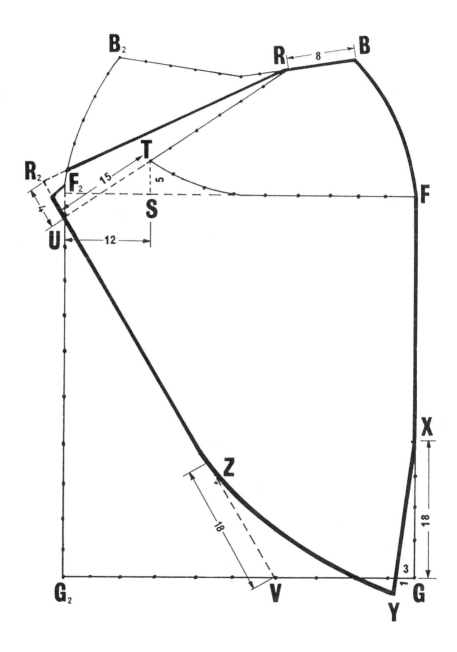

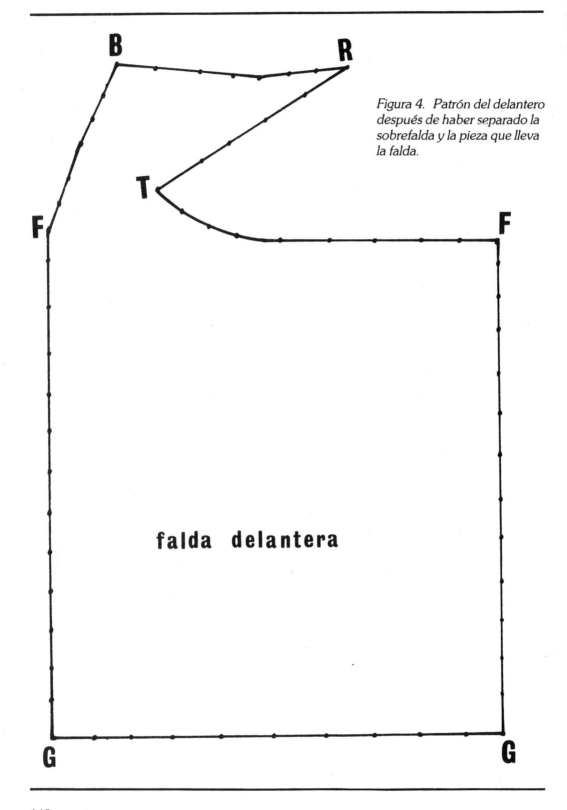

Figura 4. Patrón del delantero después de haber separado la sobrefalda y la pieza que lleva la falda.

falda delantera

Y. Después desde V hacia U, marcaremos 18 cm con el punto Z y uniremos dicho punto con Y por medio de una curva.

A continuación prolongaremos 4 cm la línea VU, señalando el punto R_2, el cual uniremos mediante una recta con el punto R.

Finalmente suprimiremos la esquina R_2, tal como se ve en la figura 3.

Para que el dibujo no resulte muy confuso, hemos señalado con líneas y puntos el contorno de la falda, y con líneas gruesas la sobrefalda. El patrón de la sobrefalda hay que calcarlo a otro papel, y después se recorta la falda, separando de ella la pieza que lleva la misma.

En las figuras 4, 5 y 6 puede usted ver cada una de las piezas recortadas por separado.

Segundo modelo de vestido drapeado en el centro del cuerpo

El modelo que presentamos en la figura 7 es un cuerpo ligeramente drapeado por el centro y con el escote terminado en pico. Sobre la costura central van colocados unos botoncitos.

Fíjese que los frunces, nacen en el borde de la costura central del delantero y van desvaneciéndose hacia el pecho.

Trazado de los frunces sobre el patrón

Como los frunces solamente van en el delantero, trazaremos el patrón-tipo delantero sin cruce en el centro.

La bajada de escote en este caso es más pronunciada porque el modelo lleva el escote en pico.

Para realizar los frunces señalaremos desde la bajada de escote tres líneas, tal como se ven en la figura 8. Después se recorta el patrón y se hace un corte en cada línea señalada para el frunce. A continuación se coloca el patrón sobre otro papel, separando 2 cm cada corte y se dibuja todo su contorno. (Fig. 9.)

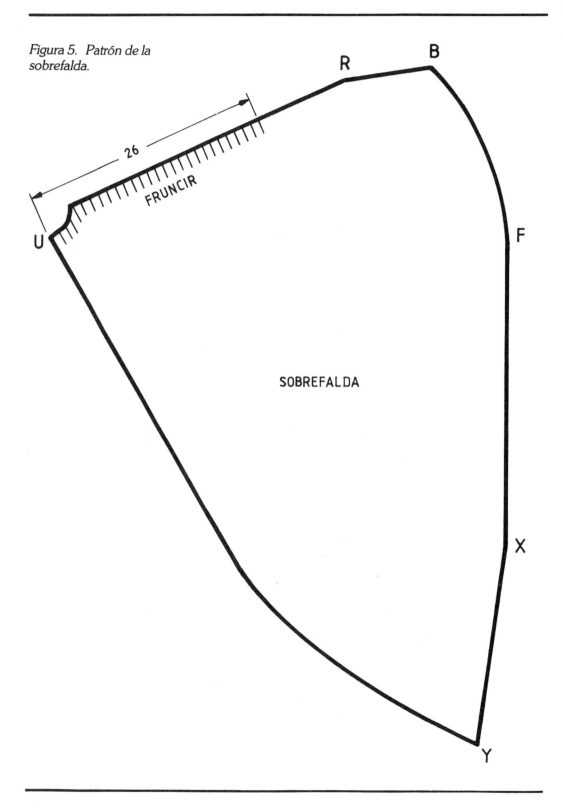

Figura 5. Patrón de la sobrefalda.

26

FRUNCIR

U

R

B

F

X

Y

SOBREFALDA

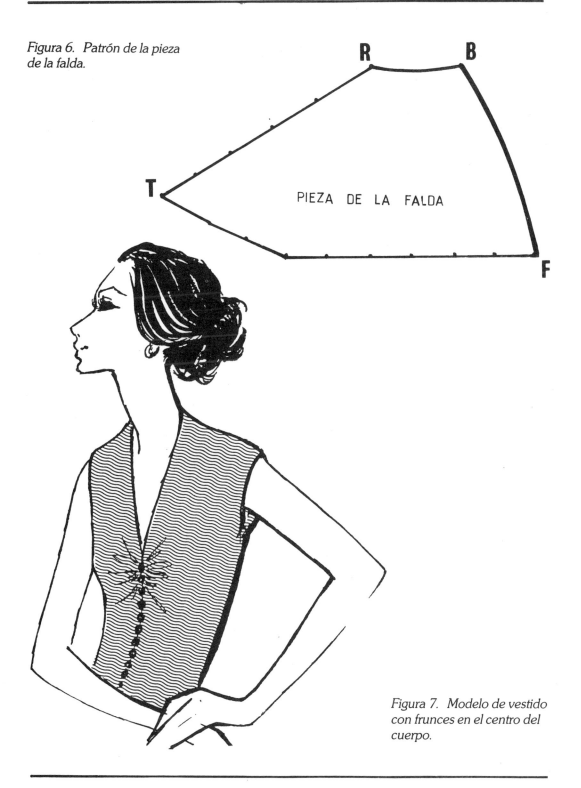

Figura 6. Patrón de la pieza de la falda.

PIEZA DE LA FALDA

Figura 7. Modelo de vestido con frunces en el centro del cuerpo.

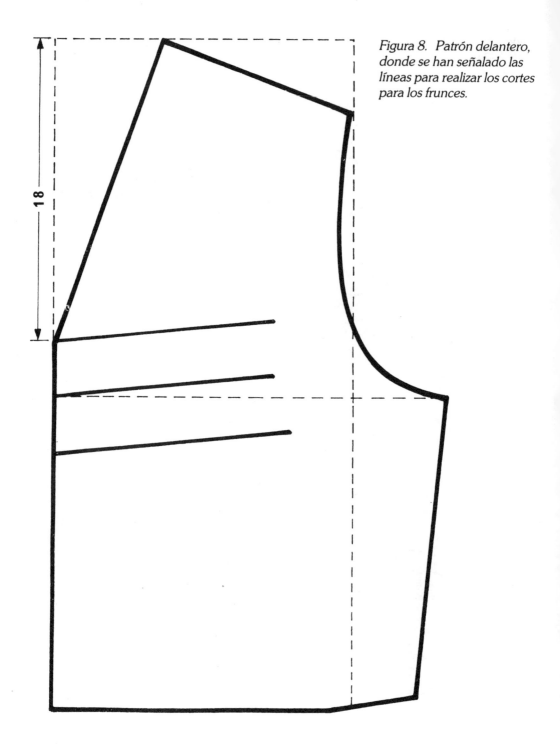

Figura 8. Patrón delantero, donde se han señalado las líneas para realizar los cortes para los frunces.

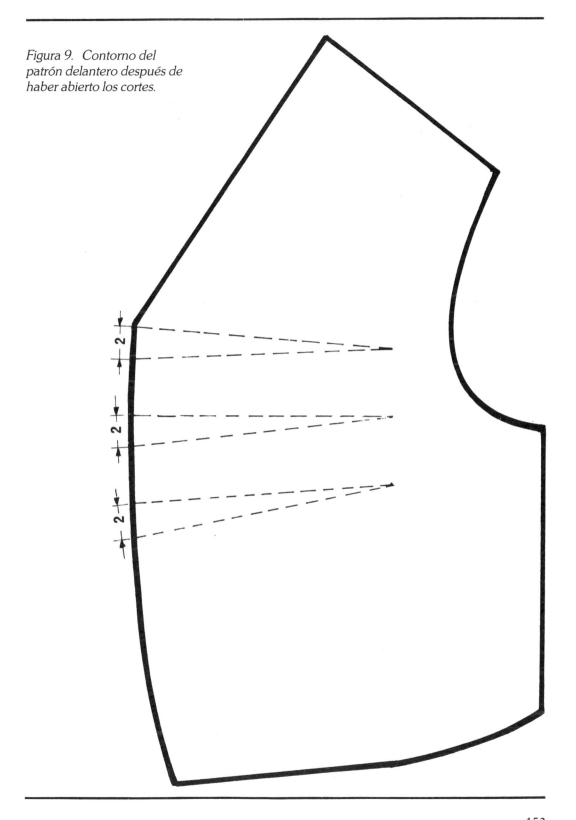

Figura 9. Contorno del patrón delantero después de haber abierto los cortes.

Tercer modelo de vestido con escote drapeado

El cuerpo del modelo de la figura 10, aunque en apariencia parece complicado, resulta fácil de realizar. Se trata de un vestido que lleva el escote ablusado.

Trazado de los frunces sobre el patrón

Empezaremos trazando el patrón-tipo delantero, dándole un ensanche de 4 cm en la bajada de escote, por ser necesario para el ablusado que forma éste. (Fig. 11.)

Después se señalan dos líneas que nos servirán de guía para realizar el corte en el patrón para los frunces. Una de las líneas se traza a la altura del punto J, y la segunda unos 3 cm más abajo. (Vea la figura 11.)

En otro papel aparte trazaremos un ángulo recto cuyo vértice señalaremos con la letra A. (Fig. 12.)

Desde A, hacia abajo, pondremos la medida del largo de talle delantero, y señalamos el punto C y desde A, hacia la derecha, pondremos 19 cm, señalando el punto G.

A continuación colocaremos el patrón recortado sobre este papel, de modo que, los puntos C y G del patrón, coincidan con los puntos C y G del ángulo recto, dibujando a continuación el contorno del patrón. (Fig. 12.)

La distancia A G, colocado el patrón en la nueva posición, es la que bajará el escote.

Al cortar este delantero en la tela hay que hacer coincidir el centro con el bies del género para que el drapeado le resulte perfecto.

Manga llamada de «jamón»

La característica de este estilo de manga, es que es muy ancha de arriba y estrecha desde el codo hasta la muñeca.

El trazado de este patrón se realiza sobre el patrón-tipo de manga recta, con la medida ajustada en el bajo.

Una vez dibujado, señalaremos las líneas que nos servirán para cortar el patrón, con el fin de conseguir el vuelo necesario para la manga. (Fig. 13.) Para ello, en la línea central y desde el punto B, señalaremos la

Figura 10. Modelo de vestido con frunces en el escote.

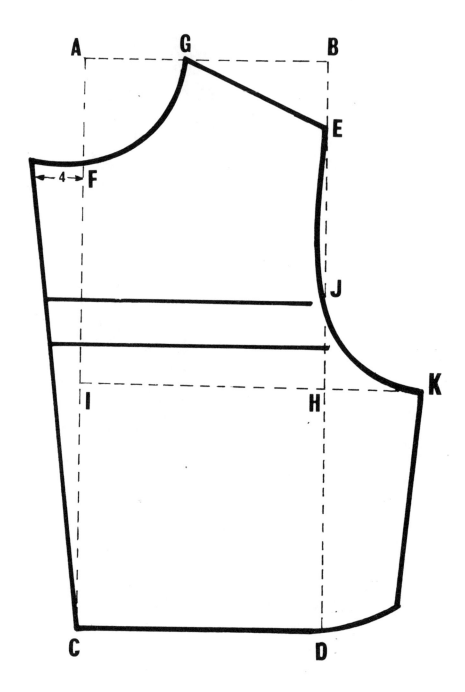

Figura 11. Patrón delantero, donde se han señalado los cortes para hacer el ablusado.

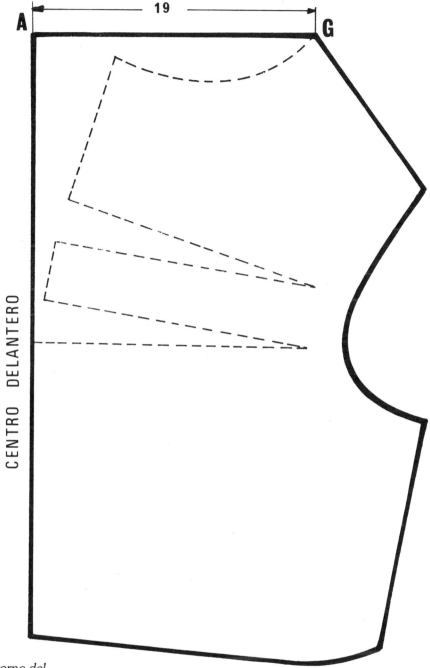

Figura 12. Contorno del
patrón delantero, una vez
abiertos los cortes.

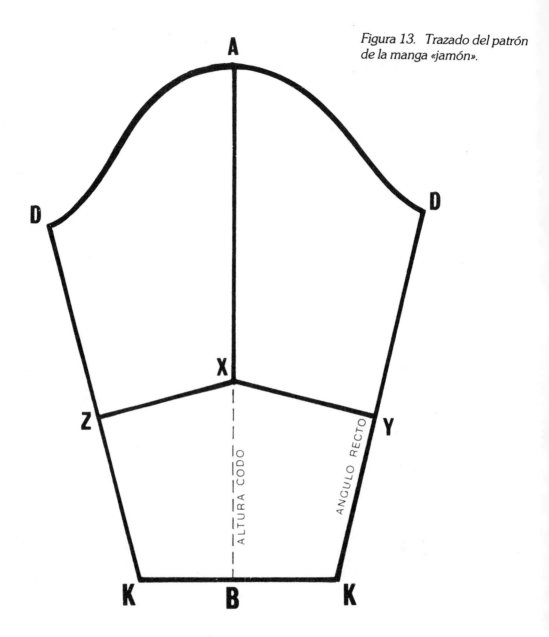

Figura 13. Trazado del patrón de la manga «jamón».

medida de altura de codo (esta medida se tomará desde la muñeca hasta el codo) con el punto X. Desde este punto se trazan dos líneas, una a cada lado de X, formando ángulo con las líneas de sangría y se señalan los puntos Z e Y.

Después se corta el patrón por todo su contorno y por la línea A X, y desde X hasta Y y Z, procurando que no lleguen los cortes hasta dichos puntos para que no se separen por completo los trozos.

A continuación aplicaremos el patrón sobre otro papel, abriendo cada parte en abanico por los cortes dados, de forma que cada parte quede separada 8 cm del centro. (Fig. 14.)

Por último, se dibuja el contorno del patrón, trazando la enmangadura a unos 4 cm por encima del punto A.

Manga corta de capa

Para realizar el modelo de manga de la figura 15, emplearemos el procedimiento de hacer unos cortes al patrón con el fin de darle vuelo.

Realizaremos en primer lugar el patrón-tipo de manga recta corta, sobre el que dibujaremos tres líneas, tal como se ve en la figura 16. La separación entre una y otra línea dependerá del vuelo que se quiera dar a la manga.

Después se recorta el patrón y se dan unos cortes en las líneas dibujadas, procurando que el corte no llegue a la enmangadura.

A continuación, colocaremos el patrón sobre otro papel, abriendo los cortes, y perfilaremos todo su contorno.

Falda con godet

Presentamos en la figura 17 un original modelo de falda con godet detrás y pinzas curvadas delante, las cuales van dobladas por la parte derecha de la prenda y cosidas a la cintura.

Trazado del patrón

Empezaremos trazando el patrón-tipo de falda recta correspondiente a la parte trasera y delantera de la falda, con las modificaciones que a

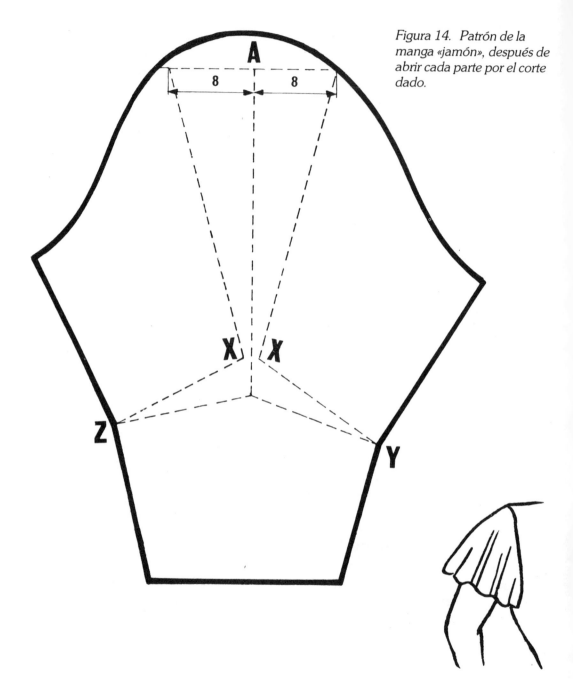

Figura 14. Patrón de la manga «jamón», después de abrir cada parte por el corte dado.

Figura 15. Modelo de la manga corta de capa.

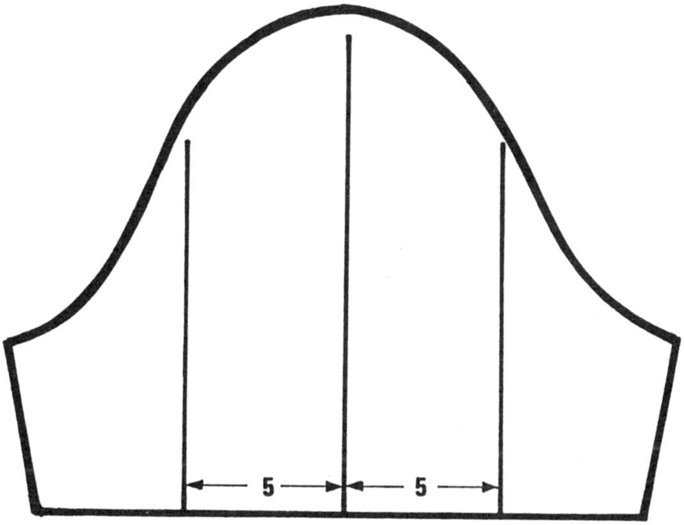

Figura 16. Patrón de la
manga corta de capa con las
líneas señaladas para hacer los
cortes.

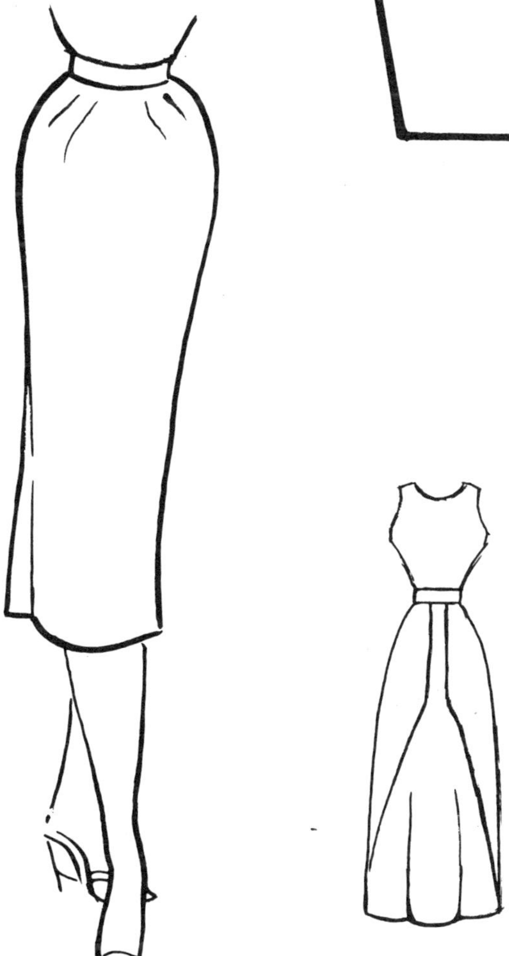

Figura 17. Modelo de falda
con godet en la parte trasera.

continuación indicaremos. Una vez realizados los uniremos por la costura del costado, como puede observar en la figura 18, para suprimir la costura del mismo, aprovechando que la falda lleva costura en la trasera en su unión con el godet.

En el patrón de la trasera haremos las siguientes modificaciones:

En la cintura, añadiremos 1 cm, el cual lo rebajaremos con una pinza en la costura de unión con el godet.

A la línea de cadera hay que rebajarle 3 cm, que después aumentaremos a la delantera. Veamos un ejemplo práctico para que lo comprenda mejor: suponiendo que la cuarta parte de cadera sean 25 cm, sólo pondremos 22 cm en la trasera, mientras que en la delantera pondremos 28 cm, o sea, los 25 que le corresponden, más los 3 cm de la trasera.

Una vez trazado el patrón, separaremos un trozo para el godet, para lo cual señalaremos a 5 cm de A y C los puntos X y X_2, trazando a continuación una recta que una ambos puntos.

Desde el punto X, hacia la derecha, entraremos 1 cm en la cintura y desde dicho punto trazaremos una curva suave que vaya a unirse a la línea X X_2, con lo cual queda dibujada la pequeña pinza a la que aludíamos al principio. (Vea la figura 18.)

Al patrón delantero de la falda hay que darle 7 cm en la cintura para las pinzas. No hay que olvidar que a la línea de cadera hay que aumentarle los 3 cm rebajados en la trasera.

Para dibujar las pinzas lo haremos del siguiente modo:

La primera, de 3 cm de profundidad, la pondremos a 6 cm del punto M, y para saber la largura que le hemos de dar a la misma, señalamos en la mitad de la distancia M E el punto J, desde el cual trazamos una línea auxiliar hasta el centro de la distancia H F, y en dicha línea, a 12 cm de J, terminará la pinza.

La segunda pinza la dibujaremos a 2 cm de la primera, dándole 4 cm de profundidad, y terminará en la línea auxiliar trazada desde J, a 9 cm de la primera pinza. Observe en la figura 18 la forma curvada de las mismas.

A la pinza que se forma en el costado, al unir ambos patrones, le daremos una ligerísima forma curva, para que la punta resulte más suave.

Para obtener el godet que pondremos en la trasera, cortaremos el patrón por la línea X X_2, quedando de esta forma separada la pieza. Después daremos un corte en el centro de dicha pieza, que llegará a unos 23 cm del punto X, y lo abriremos unos 25 cm para que resulte con la forma acampanada que debe tener. (Fig. 19.)

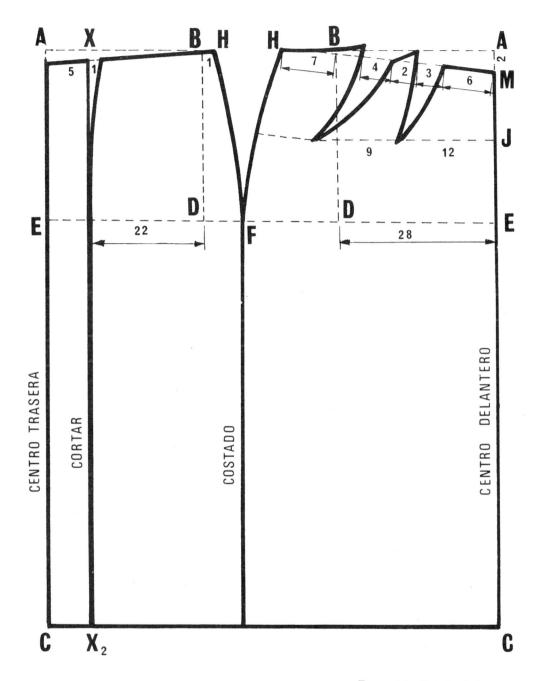

Figura 18. Patrón de la delantera y trasera de la falda, unidos por la costura del costado.

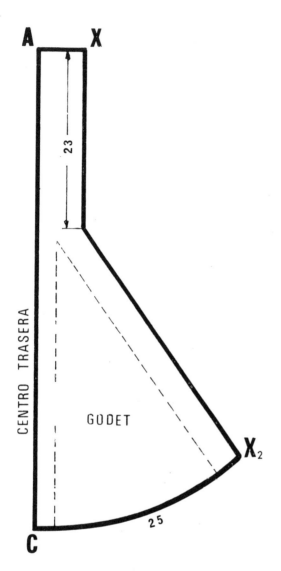

A X

23

CENTRO TRASERA

GODET

X₂

2⁵

C

Figura 19. Patrón del godet,
después de separarlo de la
trasera y abrirlo por su centro
en forma de abanico.

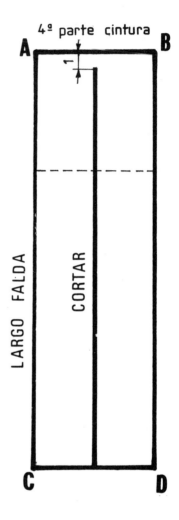

4ª parte cintura

A B

1

LARGO FALDA

CORTAR

C D

Figura 20. Patrón base para
realizar la falda acampanada
con pliegues.

Al aplicar los patrones sobre la tela, haremos coincidir el centro de la delantera, así como el centro del godet, con el doblez de la misma.

La cinturilla de la falda la cortaremos doble, de unos 3 cm de ancha.

En el costado izquierdo pondremos una cremallera, dando así por terminada la falda.

Falda acampanada con pliegues

Los pliegues planchados y sin planchar pueden aplicarse tanto en las faldas rectas como en las acampanadas. En las rectas, los pliegues planchados suelen tener una profundidad por igual en toda su largura, como ocurre en la falda plisada explicada en el Volumen 1. Sin embargo, en las faldas acampanadas éstos son más anchos de abajo que de arriba. Los pliegues sin planchar, aplicados en faldas al hilo, se desvanecen en seguida, mientras que en las acampanadas llegan hasta el bajo formando canalones.

A continuación vamos a estudiar el modo de cortar las faldas acampanadas con las dos clases de pliegues.

Trazado del patrón

Para realizar este patrón, trazaremos un rectángulo que tendrá de largo, la medida del largo de la falda, y de ancho, la cuarta parte de la medida de cintura. (Fig. 20.)

Desde los puntos A y B, respectivamente, bajaremos la medida de altura de cadera y trazaremos la línea de ésta. Después dibujaremos una recta desde el centro de la línea C D hasta 1 cm antes de la línea A B.

A continuación recortamos el rectángulo, haciendo también un corte por el centro del mismo, pero sin llegar a la línea A B, y abriremos el rectángulo en dos partes hasta que la línea de cadera quede con la medida correspondiente, es decir la cuarta parte de su medida. (Fig. 21.)

Una vez realizado esto, sólo queda aumentarle el trozo necesario para los pliegues. La anchura de este trozo dependerá de la profundidad que se le vaya a dar a los mismos y de la cantidad que se deseen poner. En la figura 21, hemos señalado 12 cm para los pliegues. Este trozo se aumenta prolongando la curva de la cintura. Después se traza la línea del costado con la medida del largo de falda, y se prolonga la curva del

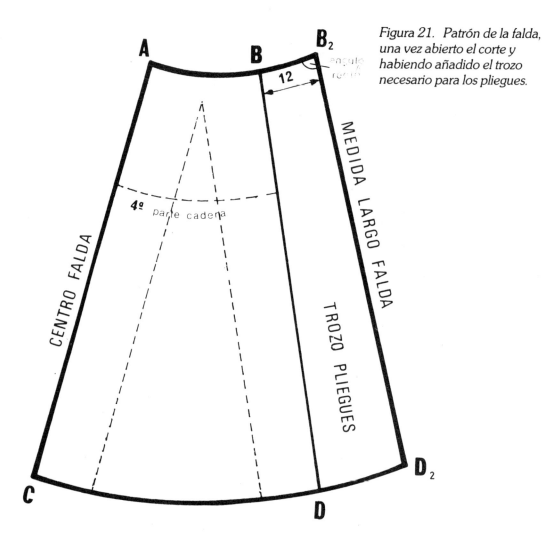

Figura 21. Patrón de la falda, una vez abierto el corte y habiendo añadido el trozo necesario para los pliegues.

bajo hasta el costado. Finalmente, se señalarán los pliegues en el lugar que se quieran poner.

Para la falda de pliegues planchados, emplearemos el patrón de la figura 21, variando solamente la anchura del trozo que se añade para los pliegues. Este tendrá la medida exacta de la profundidad de los mismos en toda su largura. Así por ejemplo: si la profundidad del pliegue es de 3 cm por arriba, y 6 cm por abajo, el trozo agregado tendrá al doble de anchura, teniendo en cuenta que dentro del pliegue quedan dos telas. Vea la forma de realizar dicho pliegue en la figura 22.

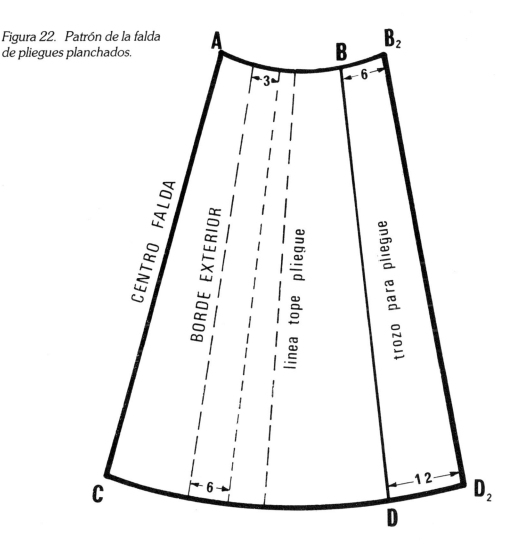

Figura 22. Patrón de la falda de pliegues planchados.

Falda soleil

Se trata de una falda de media capa plisada. Este plisado lo efectúan por medio de moldes en talleres especializados, por lo que no tenemos que ocuparnos nada más que del trazado de la falda de media capa, a la cual hay que aumentarle 5 cm en su medida de cintura, puesto que al hacer el plisado se embebe un poco. Esta no se debe cortar, sino dejarla señalada con hilvanes. Sin embargo, el bajo hay que coserlo bien y plancharlo antes de plisar la falda, ya que si se deja para después no se podría coser sin estropear el plisado.

Falda de nesgas

La falda que presentamos en la figura 23 es de nesgas y está confeccionada en tela rayada.

Se compone de ocho piezas iguales, las cuales las realizaremos de manera análoga a la de la falda de cuatro costuras que explicamos en el capítulo 10 (Vol. 1) variando las medidas de cintura y cadera, como podrá apreciar cuando realicemos el patrón.

Trazado del patrón

Para su trazado emplearemos el patrón-tipo de falda recta, sin escote en la cintura ni forma en la cadera. (Fig. 24.) Dicho patrón lo transformaremos al modelo que estamos estudiando de la siguiente forma:

Calcularemos la cuarta parte de la medida A B y señalaremos el punto I. En la línea de cadera E F, señalaremos otro punto, con la cuarta parte de su medida, y a continuación trazaremos una línea desde I, pasando por el punto señalado en la línea de cadera, para terminar en la línea del bajo, en el punto J.

Este patrón hay que cortarlo sobre papel doblado, con objeto de obtener la pieza completa al desdoblar el papel, una vez recortado.

Los patrones se aplicarán sobre la tela sencilla y en la posición que indica la figura 25. Cuatro de las piezas quedarán inclinadas hacia un lado y las otras cuatro hacia el otro.

Antes de colocar los patrones en el género marcaremos en ellos una línea que determine la dirección que deseemos lleven las rayas. Después cuidaremos de que la línea señalada en el patrón coincida siempre con la misma raya de la tela.

Algunas instrucciones generales de interés

Cuando realice prendas para personas gruesas o de espalda cargada, conviene colocar una pinza en el hombro de la espalda, a cada lado del escote, tal como se ve en la figura 26.

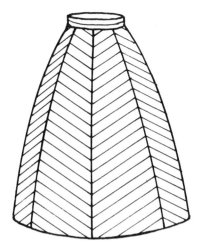

Figura 23. Modelo de falda nesgada.

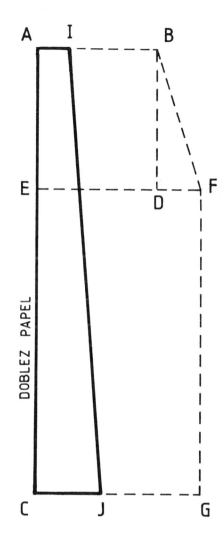

Figura 24. Patrón de la falda de nesgas.

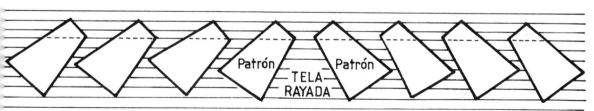

Figura 25. Forma de colocar los patrones sobre la tela.

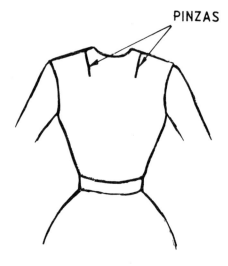

PINZAS

*Figura 26. Espalda
con pinzas*

Estas pinzas tendrán 1 cm de profundidad y 5 cm de largura, por lo que es necesario ensanchar el hombro de la espalda 1 cm más que el delantero.

Una de las tallas más corrientes es la 44, cuyas medidas especificamos a continuación:

Ancho de espalda	38 cm
Largo de talle espalda	42 cm
Largo de talle delantero	44 cm
Altura del hombro	37 cm
Sisa (mitad de su vuelta)	18 cm
Contorno de pecho: 88 más 4	92 cm
Contorno de cintura	68 cm
Contorno de cadera: 96 más 4	100 cm
Altura de cadera	18 cm
Largo de manga	60 cm
Largo de falda	70 cm

Para averiguar la talla de una persona, se toma la medida del contorno del cuerpo, pasando la cinta métrica por debajo de los brazos y por encima del pecho, y la mitad de esa medida es la talla que le corresponde.

8

Prendas exteriores y lencería de niña

Antes de comenzar el trazado de los patrones para niñas voy a indicarle las pequeñas variaciones que dichos patrones tienen con los de señora.

Recordará usted que en los patrones de señora el largo de talle delantero mide más que el de espalda. Sin embargo, en los patrones de niña la medida de talle es igual en el delantero y espalda. No obstante, existe un pequeño desnivel entre el largo total del delantero y espalda, ya que al largo total delantero le aumentamos 1 cm más que al largo total de espalda, y hasta 2 cm tratándose de niñas pequeñas.

Otra de las variaciones en estos patrones es que de anchura de escote pondremos únicamente la sexta parte de la medida de cuello, es decir, sin el centímetro de aumento. De bajada de escote en el delantero pondremos una medida fija, o sea, 3 cm cuando el delantero sea abierto y 4 cm cuando sea cerrado.

A la medida de sisa rebajaremos siempre 1,5 cm.

Y, por último, la línea de pecho medirá igual en el delantero y espalda, únicamente aumentaremos 4 cm como de costumbre a la vuelta completa.

Primer modelo de vestido

Este bonito modelo es propio para invierno. El tejido más apropiado para realizarlo es el de lana (Fig. 1).

El cuerpo por delante lleva un canesú con dos tapitas sujetas con la costura del mismo. El cuello es plano con las puntas redondeadas.

La falda es de media capa fruncida.

Para realizar el patrón de este modelo hemos empleado las medidas de una niña de siete años.

Ancho de espalda	27 cm
Largo de talle	30 cm
Altura de hombro	27 cm
Contorno de cuello	30 cm
Sisa (mitad de su vuelta): 14,5 menos 1,5	13 cm
Contorno de pecho: 66 más 4	70 cm
Contorno de cintura	55 cm
Largo total de manga	45 cm
Contorno de muñeca: 13 más 4	17 cm
Vuelta de cintura: 55 más 8	63 cm
Largo de falda	40 cm

Figura 1. *Vestido de invierno con canesú en la parte delantera.*

Trazado de la espalda

En primer lugar se traza el patrón tipo corto recto del mismo modo que el de señora, teniendo en cuenta las variaciones que hemos dado anteriormente.

En la figura 2 están indicadas todas las medidas del patrón.

Trazado el patrón-tipo lo entallaremos en la cintura.

Hallaremos, como de costumbre, los centímetros que hay de diferencia entre la línea de pecho y la cuarta parte de cintura. En este ejemplo son 3,75 cm, de los cuales 1,75 cm lo entallaremos en la costura de costado, y el resto, 2 cm, en la pinza que colocaremos en la mitad de la distancia CM, con una largura de 7 cm.

A continuación se dibuja el cuello, que como puede usted ver en la figura 2 se traza sobre el mismo patrón del cuerpo.

Marcaremos, pues, el punto Y a 4 cm de G, siguiendo la línea del hombro; y el punto Z a 4 cm por debajo de F. Finalmente se traza una curva desde Y a Z.

Cuando recortemos el patrón hay que calcar el trozo correspondiente al cuello en un papel transparente.

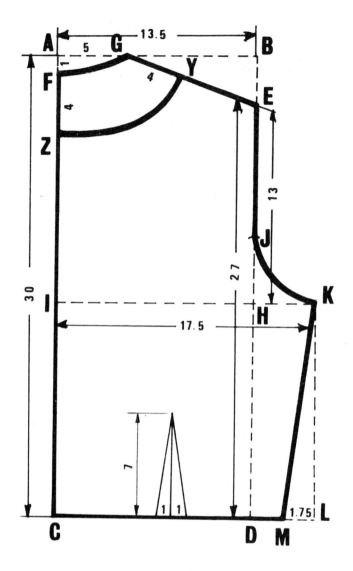

Figura 2. Patrón de la espalda.

Trazado del delantero

Trazaremos el patrón-tipo corto recto con las mismas medidas que en la espalda, exceptuando la bajada de escote, que medirá 3 cm (Fig. 3).

En los patrones de niña, la medida de altura de hombro es igual en el delantero y espalda, puesto que no existe desnivel entre el largo de talle de ambos patrones.

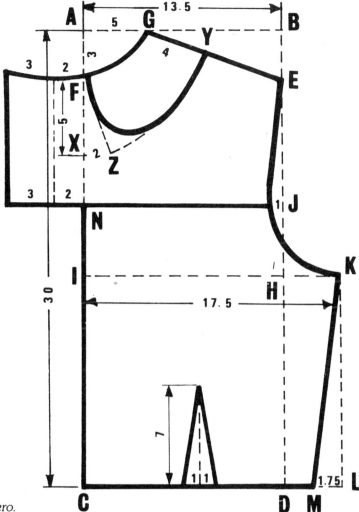

Figura 3. Patrón del delantero.

La curva de la sisa la dibujaremos igual que en el patrón de señora, o sea, pasando a 1 cm hacia adentro del punto J.

Terminado el patrón tipo se procede a la transformación del mismo adaptándolo al modelo.

Dibujaremos, pues, el borde del canesú marcando el punto N en la línea AC y a la misma altura de J, trazando a continuación una línea recta desde N a J.

En la línea del costado entallaremos 1,75 cm y señalamos el punto M, y en la mitad de la distancia CM pondremos una pinza de 2 cm de ancho por 7 de largo, igual a la de la espalda.

175

Por último dibujaremos el cuello sobre el mismo patrón, marcando en la línea GE, el punto Y, a 4 cm de G. Desde F, hacia N, marcaremos el punto X a 5 cm, es decir, 1 cm más que de anchura, y desde este punto, hacia dentro, ponemos 2 cm y señalamos el punto Z. A continuación trazamos una curva desde F a Y, pasando por encima del punto Z, procurando darle en este punto una forma redondeada como se ve en la figura 3.

Trazado de la manga

El patrón de manga para los niños lo trazaremos de manera análoga al patrón de la manga recta de señora que estudió usted anteriormente, pero con pequeñas variaciones en las medidas de la enmangadura a fin de que resulten las curvas de ésta menos pronunciadas (Fig. 4).

Desde E a I sólo pondremos 1,5 cm. Desde F a G también 1,5 cm. El punto H lo marcaremos como en la manga grande, o sea bajando 1 cm desde la mitad de la distancia FD.

Tanto la enmangadura trasera como la delantera la dibujaremos pasando por el punto I. Vea en la figura 4 la forma de trazarlas.

Trazado del cuello

Para dibujar el patrón del cuello calcaremos los dos trozos que hemos dibujado antes en los patrones de espalda y delantero, y después, sobre otro papel, los colocaremos juntando hombro con hombro tal como se ve en la figura 5.

Por último, pasaremos el lápiz por todo el alrededor del cuello, obteniendo así la mitad del patrón.

Si fuese necesario rectificaríamos un poco las líneas curvas dándole una forma redondeada más perfecta al cuello.

Trazado de la falda

La falda es de media capa, pero la trazaremos por un procedimiento distinto que el que empleamos en el capítulo 10 (Vol. 1).

A la vuelta de la cintura le hemos aumentado 8 cm con objeto de obtener el vuelo preciso para el fruncido de la falda.

Comenzamos trazando un ángulo recto en cuyo vértice marcaremos la letra A (Fig. 6). Desde A, hacia la derecha, pondremos la tercera parte de la vuelta de cintura y señalamos el punto con la letra B, y desde A, hacia abajo, marcaremos la misma medida, es decir 21 cm, y señalamos el punto C.

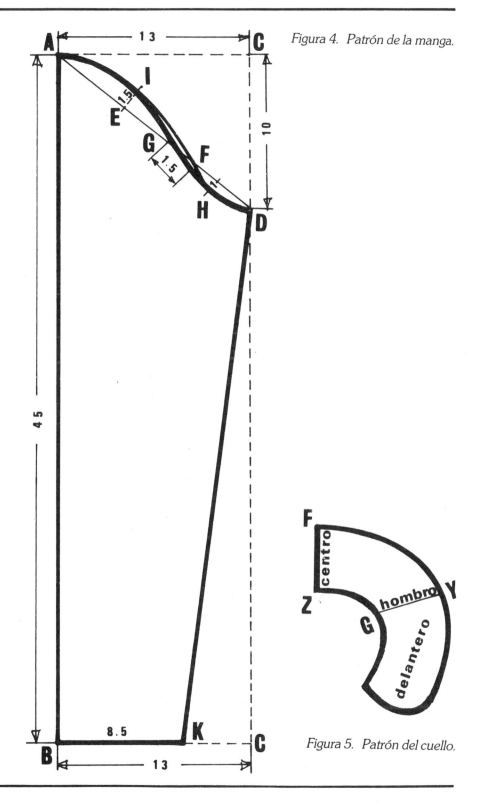

Figura 4. Patrón de la manga.

Figura 5. Patrón del cuello.

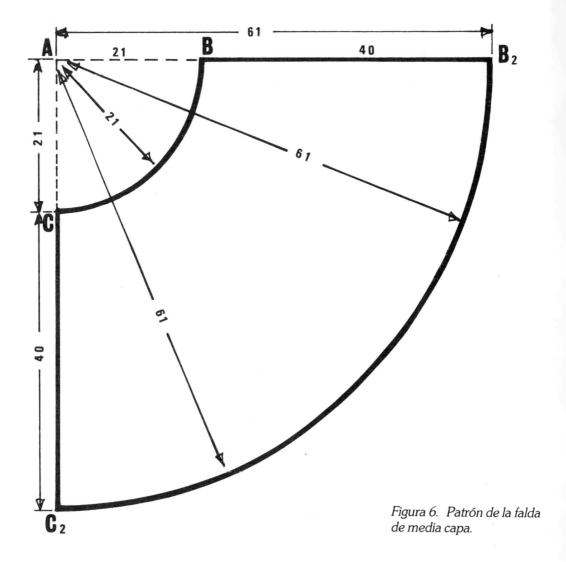

*Figura 6. Patrón de la falda
de media capa.*

Para dibujar la curva de la cintura necesitamos marcar varios puntos que disten de A los mismos centímetros que hemos marcado desde A a B. Después trazaremos una curva desde B a C pasando por los puntos anteriores.

Para trazar la curva del bajo alargaremos los lados AB y AC tantos centímetros como tenga el largo de la falda, en este ejemplo son 40 cm, y señalamos los puntos B_2 y C_2.

A continuación apoyaremos el extremo de la cinta métrica en A, y, sosteniéndola bien tirante, la haremos girar en forma de arco desde B_2 a

C_2, señalando a la vez con el lápiz varios puntos que disten de A tantos centímetros como haya entre A y B_2, que en este caso son 61 cm.

Finalmente trazaremos una curva desde B_2 a C_2 pasando por los puntos que hemos marcado. Este patrón representa la mitad de la falda.

Trazado de las tapas

El trazado de las tapas es muy sencillo, consiste en realizar un rectángulo de 8 cm de largo por 3 de ancho.

Confección del modelo

Todas las costuras van cosidas con costura sencilla, según lo explicado en los vestidos de señora.

Las tapitas una vez forradas de la misma tela, se colocan entre la tela del canesú y la del cuerpo.

Las mangas las confeccionaremos en la forma ya conocida.

Después frunciremos la cintura de la falda hasta dejarla con la medida justa de cintura y la coseremos al cuerpo con un pespunte corriente. La costura de la falda la podemos colocar donde deseemos.

El cuello lo confeccionaremos aparte y después lo uniremos al cuerpo de la forma ya explicada en el capítulo 8 (Vol. 1).

Segundo modelo de vestido

Este encantador vestidito propio de verano puede hacerse en género de «vichy» color azul, combinado con rayas blancas del mismo género. El cuello es de forma marinero (Fig. 7).

Para el estudio de este modelo emplearemos las mismas medidas del anterior, que son las de una niña de siete años.

El delantero y espalda son iguales, con las siguientes variaciones, bajada de escote y forma de la pinza. La pinza de la espalda acaba en punta, como las pinzas corrientes, mientras que la del delantero la haremos con el mismo ancho por arriba que por abajo.

Trazado de la espalda

Trazaremos el patrón tipo corto recto, entallando en la cintura los centímetros que hay de diferencia entre la línea de pecho y la cuarta

*Figura 7. Vestido de verano
con cuello marinero.*

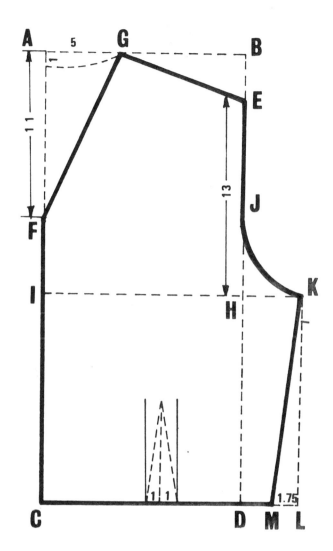

Figura 8. Este patrón de espalda nos servirá también para el delantero, con las modificaciones realizadas en el escote y en la pinza.

parte de cintura. En este ejemplo son 3,75 cm, de los cuales entallamos 1,75 cm en la costura del costado y 2 cm en la pinza de la cintura, la cual la colocaremos en la mitad de la distancia CM. En la figura 8 podrá ver dibujado este patrón.

La pinza de la cintura, así como el escote, están dibujados con línea de trazos.

Trazado del delantero

El mismo patrón de espalda nos servirá también para cortar el delantero, modificando el escote y la pinza.

El ancho de escote será el mismo que en la espalda, pero en la bajada pondremos 11 cm desde A, y señalamos el punto F, el cual uniremos con G mediante una recta.

La pinza del delantero no acaba en punta, sino que la haremos con el mismo ancho por abajo que por arriba, como puede ver en la figura 8.

La sisa no la modificaremos porque como este vestido no lleva mangas conviene que la sisa quede bastante justa.

Trazado del cuello

Trazaremos un ángulo recto, cuyo vértice señalamos con la letra A. Desde A, hacia la derecha, pondremos la mitad del ancho de espalda, menos 1,5 cm, es decir 12 cm, y señalamos el punto con la letra B (Fig. 9).

A partir de A, hacia abajo pondremos el doble de la medida de bajada de escote delantero, más 3 cm, total son 25 cm, y señalamos el punto C.

Después, desde C, trazamos una paralela a AB, con su misma medida, señalando el punto D, el cual lo uniremos con B y nos queda formado un rectángulo.

En el centro de la distancia BD marcamos el punto X y desde este mismo punto, hacia dentro, y en dirección horizontal pondremos la medida de anchura de escote, es decir 5 cm, marcando el punto con la letra G. Desde G bajamos una línea paralela a AC y señalamos el punto H.

Para dar forma al escote del cuello subiremos 1 cm desde X y señalamos el punto F. Después trazaremos una curva suave desde F a G, como se ve en la figura 9.

Trazado de la falda

Trazaremos un rectángulo que mida de largo el doble de la vuelta de cintura (110 cm), y de ancho el largo de falda (40 cm) (Fig. 10).

Si esta falda no fuese combinada podríamos trazarla directamente en la tela, pero puesto que lleva una franja de género a rayas hay que dividirla en tres partes iguales, por eso conviene trazar el patrón en papel y así se evitan confusiones al cortarla.

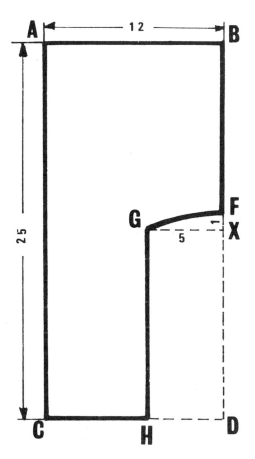

Figura 9. Patrón del cuello.

Figura 10. Patrón de la falda.

Confección del modelo

En primer lugar cortaremos todas las piezas en la tela. Los patrones de espalda y delantero se aplicarán sobre la tela doble en dirección al hilo; el centro de ambos patrones coincidirá con el doblez de la tela. El cuello también lo aplicaremos sobre la tela doble, pero al contrahilo, para que las rayas queden en sentido horizontal. La línea BF la haremos coincidir con el doblez de la tela, y así obtendremos el cuello completo.

La falda, puesto que es combinada, cortaremos cada pieza de la tela correspondiente. Cada una de estas piezas se cortarán con los bordes largos al hilo.

Figura 11. Modelo de abrigo con vuelo y canesú.

La confección es sumamente sencilla. Se unen la espalda y delantero por las costuras de los hombros y costados.

Las pinzas del delantero se cosen en forma de pliegue, intercalando en ellas las tiras del cinturón, las cuales irán atadas atrás haciendo un lazo. Para cortar dichas tiras no necesitamos patrón, son simplemente dos tiras dobles al hilo de unos 6 cm de ancho.

La sisa la remataremos con una tira de bies. En el borde del escote colocaremos otra tira igual, en la que haremos varios ojales para abrochar los botones que colocaremos en el escote del cuello, ya que éste lo pondremos suelto con objeto de poderlo poner y quitar fácilmente siempre que se desee. Antes de cortar definitivamente el cuello conviene cortarlo en entretela o cualquier clase de tela para probarlo en la primera prueba. El cuello irá forrado del mismo género. La cintura de la falda se fruncirá por igual con un punto de bastilla. Después se une al cuerpo con un pespunte corriente.

Abrigo

Este gracioso modelo de abriguito es con vuelo. Lleva costadillos sin entallar y un canesú redondo.

Para realizar este modelo hemos empleado las medidas de una niña de cuatro años.

Ancho de espalda	24	cm
Largo de talle	22	cm
Altura de hombro	19	cm
Contorno de cuello	27	cm
Sisa (mitad de la vuelta): 13 menos 1,5	11,5	cm
Contorno de pecho: 58 más 4	62	cm
Largo total de espalda	55	cm
Largo total de delantero	57	cm
Largo total de manga	32	cm

Trazado de la espalda

Primeramente trazamos el patrón-tipo largo recto y después hacemos las transformaciones siguientes:

Dibujaremos el borde del canesú, bajando desde A 10 cm, y señalamos el punto N. A continuación trazamos una curva desde N a E, como se ve en la figura 12.

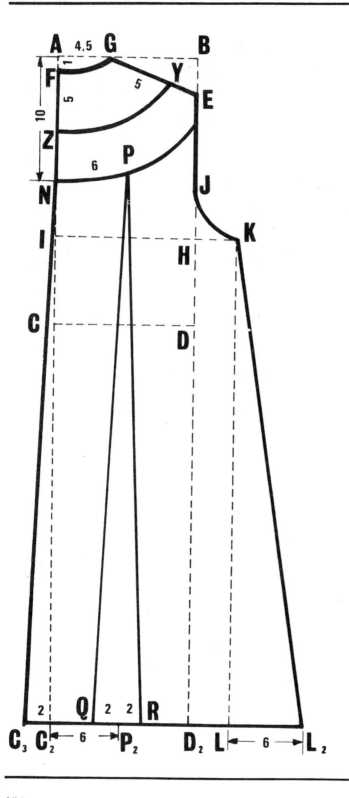

Figura 12. Patrón de la espalda.

En la línea del costado daremos 6 cm de vuelo desde L, señalando el punto L_2. También daremos un poco de vuelo en el centro de la espalda. Para ello desde C_2 sacaremos 2 cm, señalando el punto C_3. Después unimos este punto con N, quedando como línea de centro.

Para dar más amplitud al abriguito, dibujaremos la pieza central y la del costadillo con un poco de forma. Para ello marcaremos a 6 cm de N, siguiendo el borde del canesú, el punto P. En la línea del bajo, a 6 cm de C_2, marcaremos el punto P_2. A cada lado de P_2, ponemos 2 cm, marcando los puntos Q y R. Seguidamente trazamos una línea desde P a Q que determina la pieza del costadillo, y otra línea desde P a R que deterina la pieza central.

A continuación se dibuja el cuello, que, como usted puede ver en la figura 12, se traza sobre el mismo patrón.

Marcaremos el punto Y a 5 cm de G, siguiendo la línea del hombro, y el punto Z a 5 cm de F. Después unimos los puntos Z e Y mediante una curva.

Trazado del delantero

Se traza el patrón-tipo del delantero largo recto, teniendo en cuenta que el largo total mide 2 cm más que en la espalda, los cuales los rebajaremos en la costura del costado (Fig. 13).

En la bajada de escote pondremos 3 cm y señalamos el punto F.

Para el cruce aumentaremos 3 cm desde F y C_2, respectivamente, y 5 cm para la vista.

Después, dibujaremos el borde del canesú, bajando desde A 11 cm, es decir, 1 cm más que en la espalda, y señalamos el punto N, desde el cual trazamos una curva hasta el punto E. Desde N, prolongamos el borde del canesú hasta el borde de la vista, mediante una línea recta.

Para dibujar el escote en la vista, doblaremos el patrón por el borde del cruce, y después pasaremos el lápiz fuertemente por la línea GF.

Las líneas que determinan la pieza central y el costadillo se trazan exactamente igual que en la espalda.

Por último dibujaremos el cuello sobre el mismo patrón. En la línea del hombro, desde el punto G, marcamos el ancho del cuello, en este ejemplo 5 cm, con la letra Y. A continuación desde F bajamos 1 cm, más que la medida que hemos dado de anchura, es decir 6 cm, y señalamos el punto X. Desde X, hacia dentro, marcamos 2 cm con el punto Z. A continuación trazamos una curva que empieza en F, pasa por encima del punto Z, y termina en Y. Observe en la figura 13 la forma de trazar esta curva.

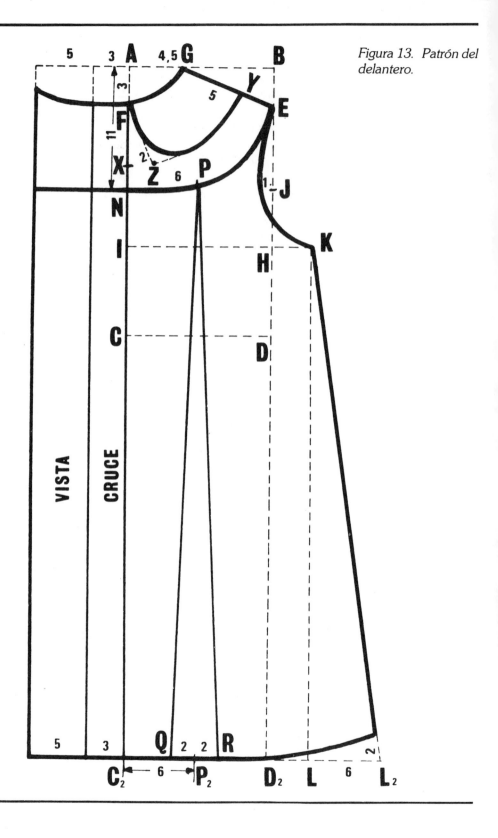

Figura 13. Patrón del delantero.

Trazado de la manga

El trazado de este patrón es similar al que trazamos en la figura 4, pero debe tener en cuenta la variación de las medidas que se dan en el modelo que estamos explicando.

En el bajo de la manga se deja la misma anchura que la medida de sisa.

Trazado del cuello

Para realizar el patrón del cuello hemos de calcar sobre un papel el cuello dibujado en los patrones de espalda y delantero. Después, sobre otro papel, los colocaremos juntando hombro con hombro, como hicimos en la figura 5. A continuación pasaremos el lápiz alrededor del cuello y tendremos así la mitad del patrón.

Confección del modelo

Antes de recortar los patrones de espalda y delantero tenemos que calcar la pieza del costadillo a otro papel.

En la espalda, dicha pieza está señalada en su contorno con las letras $PEKL_2QR$.

Después de recortado el costadillo, recortaremos la pieza central por los siguientes puntos: PNC_3RP.

A continuación cortaremos el canesú por las líneas comprendidas por los siguientes puntos: NEGFN.

En el delantero cortaremos las mismas partes del patrón que en la espalda, teniendo en cuenta que a la pieza central y al canesú hemos de añadirle la parte correspondiente del cruce y de la vista.

Preparados todos los patrones, los aplicaremos en la tela siguiendo la dirección del hilo.

El centro de la espalda no lleva costura, de modo que haremos coincidir la línea FN y NC_3 con el doblez de la tela. Todas las piezas hay que cortarlas sobre la tela doble.

Conviene marcar algunos aplomos.

Después de pasados los hilvanes flojos, hilvanaremos primero la pieza central con el costadillo y a continuación el canesú, que montará sobre el cuerpo. Una vez cosamos el canesú definitivamente con un pespunte, dejaremos una pestaña muy estrechita.

Antes de colocar el forro se deben planchar abiertas todas las costuras del abrigo.

Lencería de niña: la camisita

Para realizar el patrón de esta prenda utilizaremos las medidas indicadas al principio de este capítulo, añadiendo las que a continuación indicamos:

Altura de cadera .... 12 cm
Contorno de cadera: 80 más 4 .... 84 cm
Largo total .... 48 cm

Trazado del patrón

Empezaremos utilizando el patrón-tipo, pero dejaremos sin dibujar la bajada de escote y la sisa por ser su trazado diferente (Fig. 14).

A continuación vamos a explicar la forma de trazar el escote y la sisa.

En la mitad de la línea del hombro marcaremos el punto X, y, a ambos lados de este punto, señalaremos 1,5 cm con los puntos Z e Y, respectivamente (Fig. 14).

La sisa la dibujaremos con una curva desde Y hasta K.

Después marcaremos la bajada de escote a 9 cm de A con el punto F. Desde F, hacia la derecha, pondremos la misma medida que hay entre A y G, es decir 5 cm, y señalamos el punto F_2. Para terminar el escote, trazaremos una línea desde Z a F_2.

Este patrón nos sirve para cortar la espalda y el delantero de la camisita.

Combinación

La forma del escote es igual que en la camisa, pero el hombro es más ancho.

El largo total de la combinación es de 69 cm, y las demás medidas que empleamos en el patrón son las mismas que hemos dado al principio de la lección.

Trazado del patrón

En primer lugar trazaremos el patrón-tipo, como de costumbre. El escote y la sisa los dibujaremos del siguiente modo:

En la línea del hombro marcaremos el punto A a 2,5 cm de G y el punto Y a 1,5 cm de E (Fig. 15).

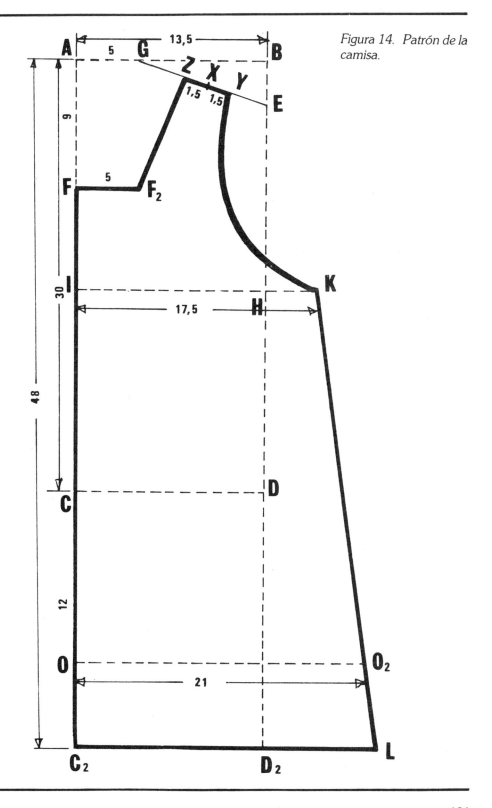

Figura 14. Patrón de la camisa.

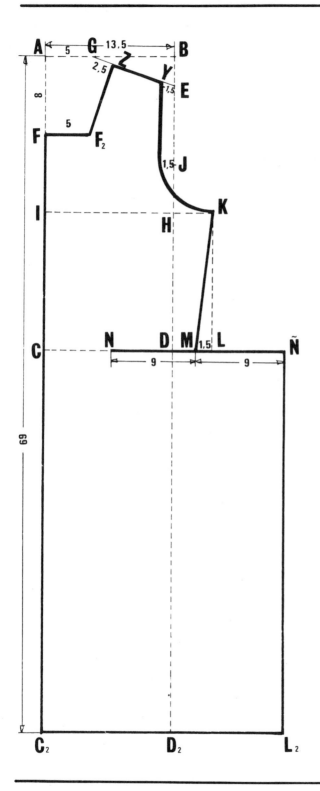

Figura 15. Patrón de la combinación.

Después dibujaremos la sisa, para la cual bajaremos desde y una línea recta hasta J, continuando curva hasta K.

En la bajada de escote pondremos 8 cm desde A y señalamos el punto F. Desde este mismo punto, hacia adentro, pondremos la misma medida que hay entre AG, es decir 5 cm, y señalamos el punto F_2. A continuación unimos Z con F_2 para terminar de dibujar el escote.

Después hay que entallar la cintura, para la cual entraremos 1,5 cm desde L y señalamos el punto M. La línea de costado del cuerpo la trazaremos de K a M.

Este modelo de combinación (el más empleado en las niñas) lleva un corte en la cintura por la parte del costado; en él encajan unos frunces que lleva la falda. Dicho corte lo haremos a 9 cm de M, con dirección a C, señalando el punto N.

Para los frunces añadiremos también 9 cm desde M, hacia la derecha, y señalaremos el punto Ñ.

Desde Ñ trazamos una paralela a DD_2 y señalamos el punto L_2. La línea $\tilde{N}L_2$ es la costura del costado de la falda.

El mismo patrón nos sirve para cortar la espalda y el delantero, pero en éste se han de bajar 2 cm más en el escote.

La braga

Las medidas necesarias para su trazado son las siguientes:

Contorno de cadera: 80 más 4 .... 84 cm
Contorno de muslo .... 36 cm
Tiro .... 55 cm

La medida de contorno de muslo se toma rodeando el muslo por su parte más alta con la cinta métrica. La de tiro, como en la falda pantalón.

Trazado del patrón

El trazado de este patrón es muy sencillo. Empezamos trazando un ángulo recto, cuyo vértice señalamos con la letra A (Fig. 16).

Desde A, hacia la derecha, pondremos la cuarta parte del contorno de cadera y señalamos el punto B. Desde A, hacia abajo, pondremos la mitad de la medida de tiro, y señalamos el punto C.

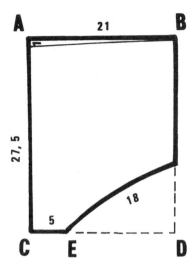

Figura 16. Patrón de la braga.

Después trazamos desde C, una línea paralela a AB y con su misma medida, marcando el punto D. Este punto lo unimos con B y nos queda formado un rectángulo.

En la línea CD marcamos el punto E, a 5 cm de C.

A continuación dibujaremos la pierna de la braga, para lo cual calcularemos la mitad del contorno de muslo, que en este ejemplo son 18 cm. Dicha medida la pondremos desde E hasta la línea BD, dibujando una curva suave, como puede ver en la figura 16.

Este patrón nos sirve para cortar la braga completa, rebajando en el delantero 1 cm la línea de cintura.

Para cortar sobre la tela, aplicaremos el patrón, coincidiendo la línea AC con el doblez de la tela. Primero cortaremos la parte trasera y después la delantera.

Todas las costuras de unión de estas prendas interiores se hacen cargadas muy finitas. En la cintura de la braga se hace un dobladillo por donde se entra la goma.

Pantalón niño o niña

Este modelo es propio para niñas o niños y las medidas que ponemos en este ejemplo son como para unos 7 u 8 años aproximadamente.

Queremos advertir una vez más que, cuando vayamos a tomar medidas, se ponga especial atención en el tiro y la entrepierna, ya que son muy importantes para que el pantalón quede bien.

Cadera .... 72 cm
Cintura .... 60 cm
Tiro delantero .... 19 cm
Tiro trasero .... 26 cm
Entrepierna .... 51 cm
Rodilla .... 38 cm
Pata delantera .... 25 cm
Pata trasera .... 27 cm
Largo de pantalón .... 68 cm

Trazado del delantero

Empezaremos trazando un rectángulo (vea la figura 17), poniendo de A a B la cuarta parte de la medida de cadera y desde A hasta C la medida de largo total del pantalón. Desde C trazamos una paralela a AB y señalamos el punto D, el cual unimos con B y tenemos formado el rectángulo.

Desde A, hacia abajo, pondremos la medida de rodilla y señalamos el punto M. Desde M, hacia la derecha, metemos 1 cm para darle forma al pantalón. En esta medida se pueden meter más o menos centímetros, según lo pronunciado que nos guste de forma. Así, si lo queremos más ceñido, meteremos más, y si nos gusta recto no le meteremos ningún centímetro. Esto hemos de trazarlo según el deseo de cada uno o la moda del momento.

Desde C, hacia la izquierda, sacaremos 3 cm, y marcaremos el punto N. Estos centímetros, al igual que en la rodilla, se pueden aumentar o disminuir según se quieran los pantalones más o menos anchos del bajo o pata.

Desde M trazaremos una línea paralela a AB que prolongaremos con 1,5 cm hasta R. Al igual que decíamos en la línea del costado, a la que nos referíamos anteriormente, esta medida se puede hacer mayor o menor, pero siempre guardando una relación con la del costado o sea, que si aumentamos algún centímetro hemos de aumentarlos en ambos lados, y si se disminuyen (para que no quede tan ceñida la rodilla), que sea en los dos lados también.

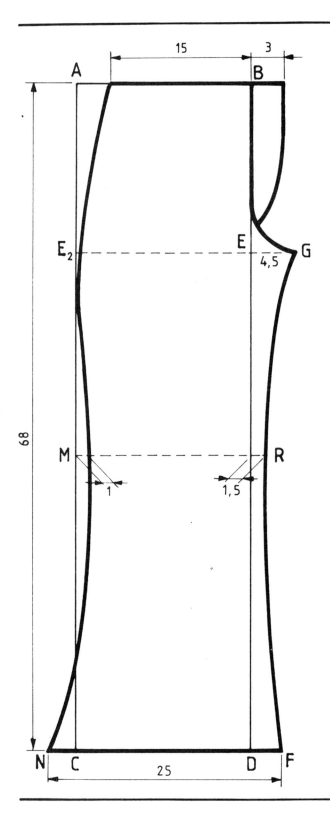

Figura 17. Patrón delantero del pantalón.

A partir de N y hacia la derecha, se pone la medida de pata delantera, que en este ejemplo son 25 cm, y donde termine esta línea pondremos el punto F.

Empezando en D y con dirección a B pondremos la medida de entrepierna y marcaremos el punto E. La distancia que haya entre B y E la pondremos también desde A, hacia abajo, señalando el punto E_2.

Desde B hacia A, pondremos la medida de la cuarta parte de la vuelta de cintura (15 cm en este ejemplo), y desde ese punto trazaremos una línea curva suave hasta E. Continuamos la línea, pasando a 1 cm de M y terminando también con una línea curva suave en N. Observe la figura 17.

Desde E, hacia la derecha, pondremos la cuarta parte de lo que mida la línea AB, que en este ejemplo con 4,5 cm, y marcaremos el punto G.

Trazaremos ahora la línea de entrepierna que unirá los puntos G, R, F con una curva suave.

A continuación desde B a G, trazamos una curva suave con la medida de tiro delantero. Desde B, hacia la derecha, bajaremos unos 3 cm para la cremallera.

Trazado de la trasera

Empezaremos como siempre trazando un rectángulo y pondremos de A a B la cuarta parte de la medida de cadera, de A a C el largo de pantalón y cerramos el rectángulo con el punto D (Fig. 17).

Desde A, hacia abajo, pondremos la medida de rodilla y marcaremos el punto con la letra M. Desde este punto hacia la derecha, meteremos 1 cm o los mismos centímetros que hayamos metido en el patrón del delantero, que, tal como les explicábamos anteriormente, se puede aumentar o disminuir a gusto de cada uno.

Desde C, hacia la izquierda, sacaremos 3 cm y pondremos el punto N, igual que hicimos en el patrón del delantero. Estas medidas, que son para dar la forma del pantalón, debe ir iguales en el trasero y en el delantero.

Desde N, hacia la derecha, ponemos la medida de pata trasera, que en este ejemplo son 27 cm, o sea 2 cm más que en la pata delantera, pues también en los pantalones para niños se debe de dar una diferencia entre una y otra, pero, al ser más pequeñas las medidas, estos centímetros han de ser menos que en el pantalón de señora, por eso con 2 cm será suficiente en este caso, Este punto lo señalamos con la letra F.

Lo mismo ocurre con la medida de tiro, y esta diferencia la hallaremos con arreglo a las medidas que tengamos que poner, pues cuanto más pequeñas sean éstas menos centímetros habremos de darle y a medida que van siendo mayores, les daremos más centímetros de diferencia. Pero como esto ya lo explicamos en un capítulo anterior, continuaremos sólo diciendo que en este modelo de niños hemos dado 7 cm de diferencia.

Después de la aclaración anterior, continuamos con el patrón y pondremos desde D a B la medida de entrepierna y marcaremos el punto E.

Desde E, hacia la derecha, ponemos la mitad de la medida AB, y señalamos el punto G.

A partir de M trazamos una paralela a AB y señalamos el punto R. Prolongamos esta línea 2,5 cm, marcando el punto R_2.

Como decíamos anteriormente esta medida también deberá guardar relación con lo que hayamos sacado en el delantero, sólo que en este punto deberemos darle 1 cm más que lo que hayamos puesto en el delantero.

Trazamos ahora la línea de entrepierna, que empieza en G, pasa por R_2 y termina en F, formando una curva suave. (Fig. 18).

Seguidamente desde B y en dirección a A pondremos 2,5 cm y desde ese punto subiremos 2,5 cm, marcando el punto B_2.

Con la medida de la cuarta parte de cintura, más 2 cm, trazaremos una recta que empezará en B_2, pasará por A y terminará en un punto que llamaremos A_2. Los 2 cm que añadimos a esta medida son para hacer una pinza en la cintura.

En el centro de la distancia A_2B_2 marcaremos un punto, desde el cual bajamos una línea perpendicular de 5 cm de larga, aproximadamente. En el punto señalado, ponemos 1 cm a cada lado que uniremos con el extremo de la línea perpendicular que habíamos trazado, quedando formada así la pinza. Esta pinza se podrá agrandar o disminuir cuando hagamos la prueba, según sea el cuerpecito del niño, más o menos redondito.

La medida de tiro la pondremos empezando en B_2, pasando por el punto situado a 2,5 cm de B y terminando en G. Se trazará con una curva, tal y como se ve en la figura 18. Es muy importante que esta medida esté bien puesta, pues puede depender de ella el que siente bien o mal el pantalón, por tanto recomendamos comprobar con la cinta métrica esta medida, poniendo el primer centímetro en B_2 y siguiendo la línea hasta G, deberán ser exactamente los centímetros que tenga el tiro trasero, de no ser así, sería necesario rectificar un poco esta curva.

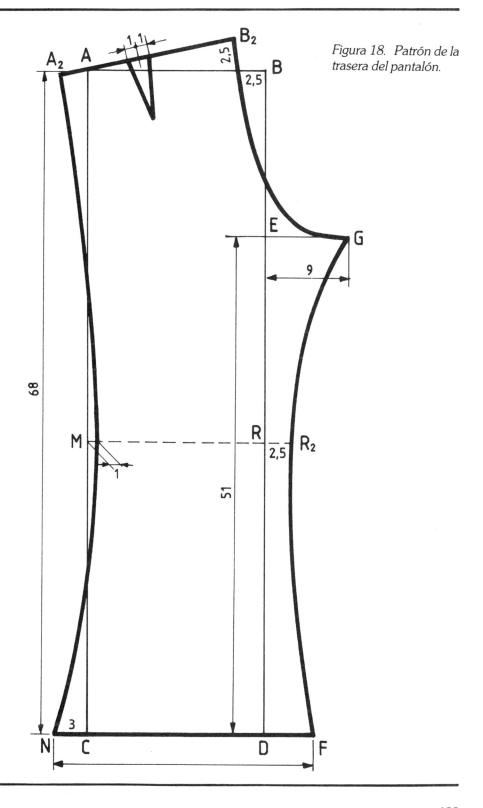

Figura 18. Patrón de la trasera del pantalón.

Por último, desde A_2 trazamos una línea hasta N, pasando a 1 cm de M, como vemos en la figura 18.

Confección del pantalón

Una vez cortados en la tela, se pasan los hilos flojos, se cortan estos hilos y se hilvanan los pantalones, preparándolos para la prueba. Si quedan anchos de cintura, cosa que puede ocurrir, se meten del tiro de la parte trasera, y si hemos de rectificar las pinzas, es éste el momento de hacerlo.

Al coserlos, si la tela es blanda, se deben poner entretelas en los bajos. Si la tela es gruesa, no es necesario ponerlas en los pantalones de los niños.

Los bolsillos de parche son muy prácticos para los niños y además sencillos de hacer. Los que van en la costura o rayados en forma de hojal también resultan muy bien. La explicación para hacerlos la encontrará en el capítulo 8 del Volumen 1.

Una vez terminados los pantalones, se planchan bien las costuras abiertas, interponiendo entre la plancha y la prenda una tela blanca húmeda. Una vez bien planchados, se les marca la raya. Para hacerlo uniremos la costura de la entrepierna y la del costado y ello sólo nos dará el punto exacto donde la hemos de planchar, comprobando bien que estas costuras están juntas y no se nos han corrido. Si esta raya se plancha bien ahora, quedará marcada para siempre y luego sólo será necesario repasarla por el mismo sitio.

No nos cansaremos de decir que la plancha es la mejor aliada de la modista, pues si se hace cualquier prenda y se confecciona bien, pero no tiene un planchado perfecto, no lucirá el trabajo. Por el contrario, una prenda perfectamente planchada, hace que dé la sensación de que está mejor realizada.

9

Diversos tipos de pantalón de niño

Forma de proceder
para tomar las medidas

Empezamos este tema explicando qué medidas son necesarias para cortar cualquier clase de pantalón y la manera de tomarlas. En la figura 1 están representadas todas las medidas que vamos a explicar.

Vuelta de cintura

Se toma esta medida pasando la cinta métrica alrededor de la cintura, de forma que quede ajustada.

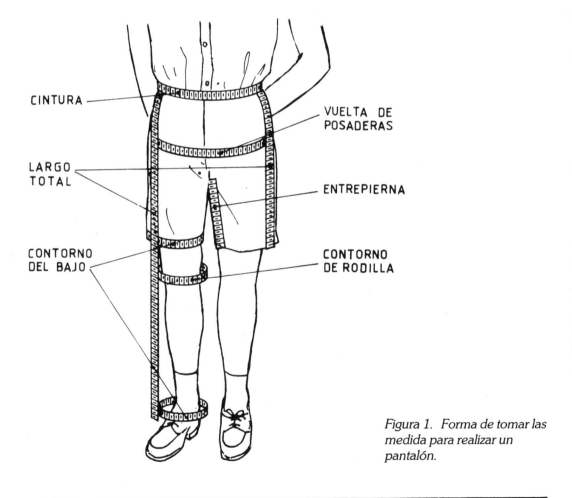

Figura 1. Forma de tomar las medida para realizar un pantalón.

Vuelta de posaderas

Esta medida se toma igual que la de cadera, o sea, se rodea la cadera por su parte más ancha con la cinta métrica, aumentando 4 cm por lo menos, para dar holgura.

Contorno de rodilla

Se rodea la rodilla con la cinta métrica, dejando ésta holgada.

Contorno del bajo

Esta medida se toma rodeando la pierna a la altura que se desee llegue el bajo del pantalón, dándole una holgura adecuada.

Largo de rodilla

Esta medida se toma desde la cintura hasta el bajo del pantalón.

Entrepierna

Hay que tomar esta medida desde lo más alto posible de la entrepierna hasta donde llegue el bajo del pantalón.

Esta última medida no tiene nada que ver con la de tiro que empleamos en la falda pantalon de señora, pues ambas medidas son distintas.

Pantalón corto

Se trata del pantalón corriente, con bolsillos en los costados. Vamos a explicar su trazado con las medidas de un niño de once años.

Largo total	39 cm
Contorno de cintura	62 cm
Contorno de posaderas: 80 más 4	84 cm
Contorno del bajo	44 cm
Entrepierna	17 cm

Trazado del delantero

Comenzaremos trazando un ángulo recto, cuyo vértice señalaremos con la letra A. (Fig. 2.)

Desde A, hacia la derecha, pondremos la cuarta parte de la medida de cintura y señalamos el punto B. A partir de A, hacia abajo, pondremos el largo total del pantalón, señalando el punto C.

A continuación marcaremos desde C, hacia arriba, la medida de entrepierna, señalando el punto D.

Desde D, hacia la derecha, pondremos la medida de la cuarta parte de la vuelta de posaderas y señalamos el punto E. Seguidamente trazaremos desde E una paralela a DC y con su misma medida, señalando el punto F.

A partir de F, hacia la izquierda, marcaremos la línea del bajo con la mitad de su contorno y señalamos el punto C_2.

A continuación prolongamos la línea ED tantos centímetros como tiene la cuarta parte de su medida, es decir, 5,2 cm y marcamos el punto G. Para completar el tiro, marcaremos esos mismos centímetros desde D hacia arriba con el punto H, y se dibuja una curva desde H a G.

La línea AB la prolongamos 2 cm y señalamos el punto B_2. Estos 2 cm son para el pliegue que señalaremos en la mitad de la cintura, poniendo 1 cm a cada lado del punto medio, como se ve en la figura 2.

Para trazar la línea de costado prolongaremos primero la línea FE hasta X, cuyo punto quedará a la misma altura que B_2. Después trazaremos una ligera curva desde B_2 hasta E, procurando que dicha curva se junte con la línea XE antes de llegar a este último punto.

Finalmente trazamos la línea de entrepierna desde C_2 a G.

Con este patrón cortaremos las dos mitades del delantero, pero el lado izquierdo es necesario ensancharlo un poco por la parte de la bragueta. Para ello marcaremos, desde G, 1,5 cm y señalamos la letra I, y desde H sacaremos 1 cm, señalando la letra J. Después trazamos la línea de tiro desde A hasta J, y desde este punto hasta I continuamos la línea con una ligera curva.

La línea de entrepierna del lado izquierdo la trazamos desde I hasta C_2.

Trazado de la trasera

Comenzamos el trazado con un ángulo recto, como en el patrón delantero, y señalamos el vértice con la letra A. Entre A y B ponemos

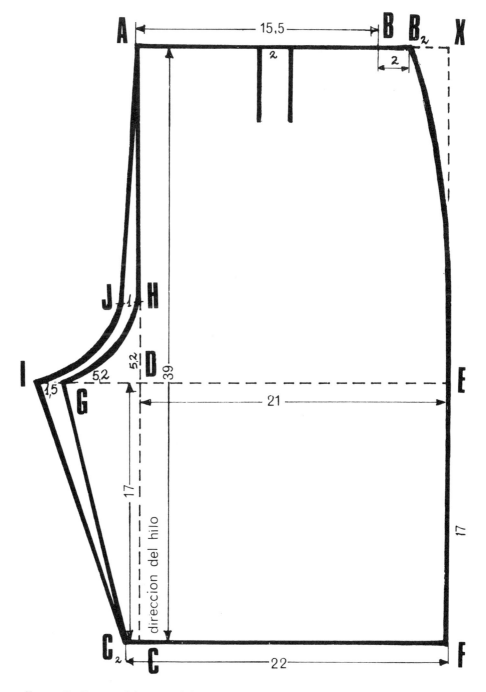

Figura 2. Patrón delantero del pantalón corto.

la cuarta parte de la cintura, y entre A y C el largo total del pantalón. (Fig. 3.)

También pondremos las mismas medidas del delantero desde C a D, es decir, medida de entrepierna, y desde D a E, cuarta parte de la vuelta de posaderas.

Después prolongaremos la línea ED con la mitad de su medida o sea 10,5 cm y señalamos el punto G.

Dese G sacamos 1,5 cm y marcamos el punto I. A partir de D, hacia arriba, pondremos la cuarta parte de la distancia E D, como en el delantero.

A continuación marcaremos a 2,5 cm de A el punto K, desde el cual se traza la línea de tiro hasta el punto J, que está situado a 1 cm hacia afuera de H. Desde el punto J continuamos la línea hasta I mediante una curva.

Después prolongamos 3 cm la línea JK y señalamos el punto L. Desde este punto trazaremos la línea de cintura con la cuarta parte de su vuelta, más 2 cm para la pinza y señalamos el punto B_2, el cual ha de quedar a la misma altura que el punto B.

A continuación dibujaremos la pinza en la mitad de la distancia L B_2, con una largura de 8 cm y 2 cm de profundidad.

La línea del bajo medirá 2 cm más que en el delantero, o sea, 24 cm y la pondremos a 1 cm de F y terminará en el punto C_2.

La línea de entrepierna la trazaremos desde I hasta C_2.

Finalmente trazamos la línea del costado que empieza en B_2, pasa a 1 cm hacia afuera de E y termina a 1 cm hacia adentro de F. Vea la figura 3.

La tira que se coloca en la cintura tendrá de largo la cuarta parte de su vuelta, es decir 15,5 cm y de ancho 3 cm. (Fig. 4.)

Confección del pantalón

Los patrones se aplicarán sobre tela doble, procurando que la línea DC quede en dirección del hilo de la tela. No olvide que alrededor de cada patrón hay que dejar un margen de costura de unos 4 cm.

Antes de unir todas las piezas del pantalón remataremos la abertura del delantero con una cremallera. Para ello cortaremos de la misma tela del pantalón dos tiras, que tendrán de largo 2 cm más que el largo de la cremallera que vayamos a montar y de ancho, aproximadamente, 9 cm una y 5 cm la otra.

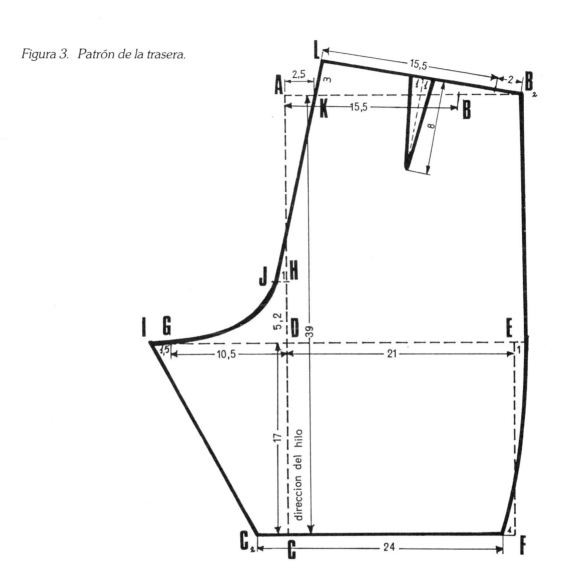

Figura 3. Patrón de la trasera.

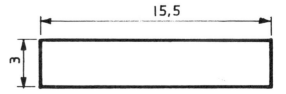

*Figura 4. Tira para colocar en
la cintura.*

A continuación coseremos mediante un pespunte la tira que mide 5 cm en el lado izquierdo del pantalón, procurando hacer una costura que no tenga mucho borde para que no abulte. Dicha tira se coloca encarada con el derecho del pantalón, como se ve en la figura 5 y después se gira hacia el revés de la prenda. (Fig. 6.)

Seguidamente, colocaremos sobre la tira la cremallera abierta, de forma que el revés de ésta quede hacia la parte interior del pantalón. Coseremos la parte izquierda de la cremallera (letra E) mediante un pespunte paralelo a los dientes, rematando también el orillo de la cremallera para que no quede levantada. Después pespuntearemos la tira por todo su alrededor (Fig. 7.)

En el lado derecho del delantero, hacemos un doblez, hacia el interior del pantalón, a la tela que hemos dejado para el margen de la costu-

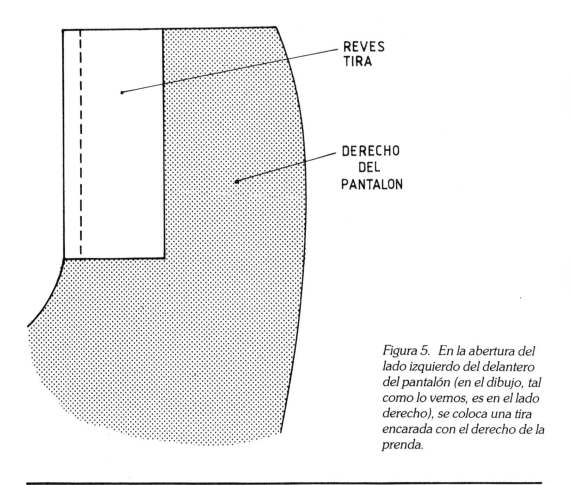

REVES
TIRA

DERECHO
DEL
PANTALON

Figura 5. En la abertura del lado izquierdo del delantero del pantalón (en el dibujo, tal como lo vemos, es en el lado derecho), se coloca una tira encarada con el derecho de la prenda.

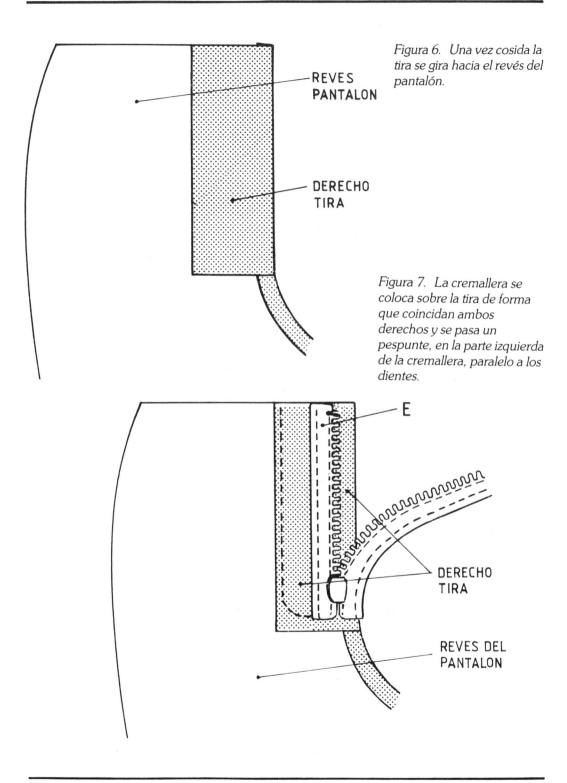

Figura 6. Una vez cosida la tira se gira hacia el revés del pantalón.

REVES PANTALON

DERECHO TIRA

Figura 7. La cremallera se coloca sobre la tira de forma que coincidan ambos derechos y se pasa un pespunte, en la parte izquierda de la cremallera, paralelo a los dientes.

E

DERECHO TIRA

REVES DEL PANTALON

ra y sobre este doblez hilvanamos la otra parte de la cremallera, señalada con la letra C en la figura 8. Este hilván lo pasaremos con la cremallera y procurando que los dientes queden al borde del doblez para que sobresalgan lo justo y se pueda abrir y cerrar la cremallera con facilidad.

Por último pondremos cubriéndolo todo, la tira de 9 cm doblada a lo largo por su mitad. Esta tira la hemos señalado con la letra D, y se coloca de la forma que se ve en la figura 8. Se hilvana la tira cogiendo la cremallera y la tela del pantalón y se pasa un pespunte. Después se remata la tira por el lado que va abierta y por la parte inferior.

En la figura 9 puede ver como queda la cremallera después de haber sido colocada.

Una vez rematada la bragueta uniremos las piezas del pantalón. En primer lugar, se hilvana por separado las dos perneras (costado y entre-

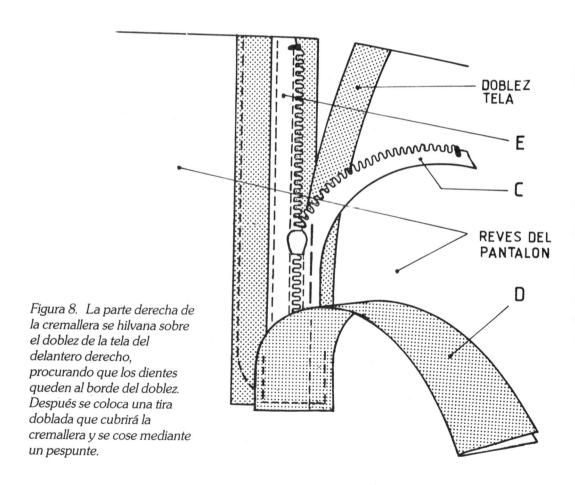

DOBLEZ
TELA

E

C

REVES DEL
PANTALON

D

Figura 8. La parte derecha de la cremallera se hilvana sobre el doblez de la tela del delantero derecho, procurando que los dientes queden al borde del doblez. Después se coloca una tira doblada que cubrirá la cremallera y se cose mediante un pespunte.

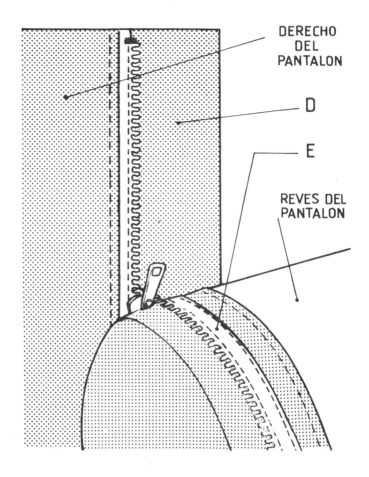

Figura 9. Después de colocada la cremallera queda como se ve en el dibujo.

DERECHO
DEL
PANTALON

D

E

REVES DEL
PANTALON

pierna). Después se unen las dos mitades del pantalón con la costura de tiro. El hilvanado de esta costura la comenzaremos desde la tira del delantero hasta el centro de la cintura trasera.

Todos los defectos que se observan en el pantalón hay que tratar de corregirlos en la primera prueba, midiendo o sacando tela de las costuras de los costados, y, si fuera preciso, de la costura de entrepierna.

La costura de entrepierna se cose con costura sencilla, y la de los costados a pestaña, dejando un trecho sin coser para colocar los bolsillos.

La tira de la cintura se remata por detrás con una tira de tela de forro.

Por último, se cose el dobladillo del bajo, y en la cintura se colocan una trabillas para el cinturón.

Para niños pequeños, el pantalón se hace cerrado por delante, o sea, sin bragueta, y, en este caso, cortaremos exactamente iguales las dos mitades del delantero.

Pantalón bombacho

Para realizar el patrón de este pantalón, emplearemos las medidas de un niño de 12 años:

Largo total .... 73 cm
Contorno de cintura .... 66 cm
Contorno de posaderas: 80 más 4 .... 84 cm
Entrepierna .... 50 cm
Largo de rodilla .... 61 cm

Esta clase de pantalón resulta más bonito si el bajo del mismo llega hasta la mitad de la distancia que hay entre el tobillo y la rodilla. Se tomará la medida de largo total justamente hasta donde hemos indicado (Fig. 10.)

Trazado del delantero

Iniciaremos el patrón trazando un ángulo recto, cuyo vértice señalamos con la letra A. (Fig. 11.)

Desde A, hacia la derecha, pondremos la cuarta parte de la medida de cintura y señalamos el punto B. Desde A, hacia abajo, señalamos el punto C con la medida del largo total del pantalón.

A partir de C, hacia arriba, pondremos la medida de entrepierna, señalando el punto D. Desde D, hacia la derecha, marcamos el punto E con la medida de la cuarta parte de la vuelta de posaderas.

A continuación prolongamos la línea ED con la cuarta parte de su medida, es decir 5,2 cm, y señalamos el punto G. Estos mismos centímetros los pondremos también desde D, hacia arriba, señalando el punto H. Después trazamos una curva de H a G que corresponde al lado derecho del pantalón.

Para trazar la montura del lado izquierdo, sacaremos 1,5 cm desde G y señalaremos el punto I. Desde H sacaremos 1 cm y señalamos el

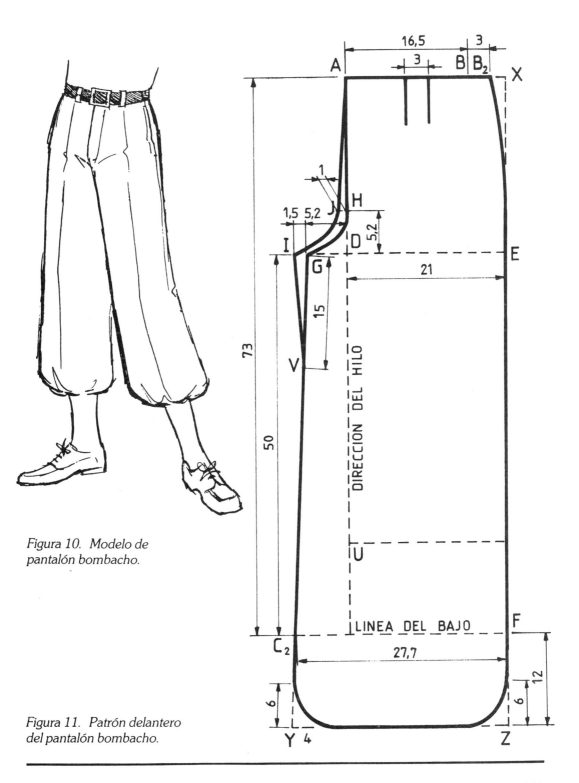

Figura 10. Modelo de pantalón bombacho.

Figura 11. Patrón delantero del pantalón bombacho.

16,5

3

3

A

B

B₂

X

1

J

H

1,5

5,2

5,2

I

D

E

21

G

DIRECCIÓN DEL HILO

15

73

V

50

U

LINEA DEL BAJO

F

C₂

27,7

6

6

12

Y

4

Z

punto J. Después unimos el punto A con J mediante una recta y continuamos la línea hasta I mediante una curva.

Desde E, trazamos una paralela a DC y señalamos el punto F.

La línea del bajo la trazaremos desde F hacia C, poniendo la medida que hay entre los puntos EI, es decir 27,7 cm y señalamos el punto C_2.

La línea de entrepierna la trazaremos desde G a C_2. Para la entrepierna del lado izquierdo, marcaremos el punto V a 15 cm por debajo de G, y después se unen los puntos IV con una recta.

Desde A, hacia abajo, pondremos la medida del largo de rodilla, que en este ejemplo son 61 cm, y señalamos el punto U. Desde este punto trazamos la línea de rodilla paralela a D E.

Para el doblez inferior del bombacho pondremos desde C_2 y F, respectivamente, la misma medida que hay entre U y C, es decir 12 cm, y señalamos los puntos Z e Y, los cuales unimos entre sí, y se redondean las esquinas tal como se ve en la figura 11.

Desde el punto B, alargaremos la línea de cintura 3 cm más para el pliegue, y señalamos el punto B_2. El pliegue lo pondremos en la mitad de la distancia A B_2, poniendo 1,5 cm a cada lado del punto medio.

Para trazar la línea del costado prolongaremos la línea FE hasta X, cuyo punto lo pondremos en la prolongación de la línea de cintura. Después se traza una curva desde B_2 a E, la cual se une con la línea X E antes de llegar a E.

Trazado de la trasera

Comenzaremos trazando un ángulo recto y señalando los puntos ABC con las mismas medidas del delantero. (Fig. 12.)

Desde C a D pondremos la medida de entrepierna, y desde D a E, la cuarta parte de la vuelta de posaderas. La línea E F, la trazaremos paralela a la D C.

Desde D a G, pondremos la mitad de la medida D E. Desde D a H, la cuarta parte, o sea, 5,2 cm. Después marcaremos el punto I, a 1,5 cm de G, y el punto J, a 1 cm de H.

A 2,5 cm de A, marcaremos el punto K, en la línea de cintura.

A continuación trazaremos la línea de tiro desde I, pasando por los puntos G J, hasta K. Esta línea la prolongaremos 3 cm desde K, señalando el punto L.

Desde F trazaremos la línea del bajo con igual medida que en el delantero, 27,7 cm, y señalaremos el punto C_2.

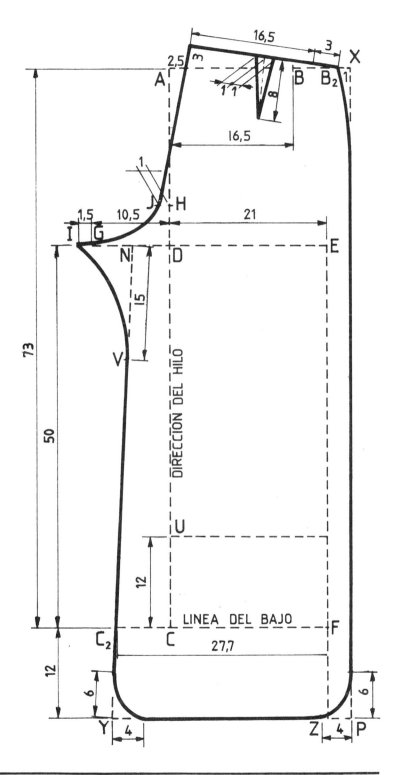

Figura 12. Patrón de la trasera.

215

Después marcaremos el punto N en la mitad de la distancia D G, y trazaremos la línea N C_2.

Para completar la línea de entrepierna, marcaremos el punto V a 15 cm por debajo de N, y uniremos con una curva suave los puntos I V.

A continuación señalaremos, en la línea A C, el punto U con la medida del largo de rodilla.

Para el doblez inferior del bombacho, alargaremos las líneas N C_2 y E F, con los mismos centímetros que hay entre U C, 12 cm, y señalaremos los puntos Y Z.

Trazaremos ahora la línea de cintura desde L, con la cuarta parte de su vuelta, 16,7 cm, más 3 cm (2 cm son para la pinza y 1 cm para dar holgura), y señalaremos el punto B_2, el cual quedará a la misma altura que B.

Para la línea de costado, señalaremos el punto X, a 1 cm de B_2. Después trazaremos una línea recta desde X hasta el punto P, situado a la misma altura que Z. Por último uniremos el punto B_2 con la línea que acabamos de trazar XP. La línea PY representa el borde interior del bombacho. Sus esquinas se redondean como se ve en la figura 12.

La pinza de la cintura tiene 8 cm de largura, y se coloca en la mitad de la distancia L B_2, poniendo 1 cm a cada lado del punto medio.

La tira de la cintura tendrá de largo la cuarta parte de su vuelta, es decir 16,5 cm, y de ancho 3 cm.

Confección del pantalón

La confección del bombacho es análoga a la del pantalón corto, excepto el bajo que ha de ir ceñido a la pantorrilla y, por consiguiente, hay que introducir una goma en el dobladillo. También se puede recoger el vuelo por medio de pinzas, pero en este caso hay que rematar el borde interior con una tira, especie de puño, abrochada con un botón.

Traje de primera comunión

En la figura 13 puede ver un modelo de etiqueta, propio para ceremonias solemnes, como la del día de la primera comunión.

El traje completo es de género de lana blanco. Las solapas del chaleco van forradas de raso.

Para la explicación del trazado de este modelo, emplearemos las medidas de un niño de ocho años.

Medidas del cuerpo

Ancho de espalda	28	cm
Largo de talle	32	cm
Altura de hombro	28	cm
Contorno de cuello	30	cm
Sisa: 15 menos 1,5	13,5	cm
Contorno de pecho: 64 más 4	68	cm
Contorno de cintura	60	cm

Medidas de la manga

Largo de la manga	43	cm
Sisa: 15 menos 0,5 cm	14,5	cm
Contorno del codo: 18 más 7	25	cm
Contorno de la muñeca: 12 más 9	21	cm

Medidas del pantalón

Contorno de cintura	58 cm
Contorno de posaderas: 70 más 4	74 cm
Contorno de la rodilla	40 cm
Largo de rodilla	40 cm
Largo total	72 cm
Entrepierna	52 cm

Figura 13. Modelo de traje de primera comunión.

En las mangas sastre, para niños, sólo se dan de holgura 7 cm al contorno de codo y 9 cm al contorno de muñeca. A la medida de sisa sólo se rebajan 0,5 cm en vez de aumentarlos, como hacíamos al estudiar el patrón-tipo de la manga sastre. Esto es debido a que en la manga para niños la curva de la enmangadura debe quedar menos pronunciada.

Como verá, la medida de cintura es algo menor que en el chaleco, ya que el pantalón, en esa parte, tiene que quedar más ajustado.

Trazado del chaleco

Patrón de la espalda

Iniciaremos su trazado realizando el patrón-tipo de espalda que usted ya conoce. (Fig. 14.)

La línea del hombro la elevamos 1 cm desde E y la ensanchamos otro centímetro desde este mismo punto.

A continuación se calcula el entalle, hallando los centímetros que existen de diferencia entre la línea de pecho y la cuarta parte de la vuelta de cintura, es decir 17 cm, menos 15 cm son 2 cm. De estos 2 cm entallaremos 1 cm en la línea del costado señalando el punto M. El otro centímetro lo entallaremos en la costura central que lleva la espalda, desde el punto C, y señalamos la letra S.

A 8 cm por debajo de F, marcamos el punto N, el cual unimos con S mediante una recta.

Por último, prolongaremos 7 cm la línea AC señalando el punto C_2, y completaremos la costura central uniendo con una recta los puntos S C_2.

Desde C_2 trazamos una línea ligeramente curva hasta M, tal como se ve en la figura 14, quedando dibujada la punta del centro de la espalda.

Patrón del delantero

En primer lugar se traza el patrón-tipo con idénticas medidas que en la espalda, añadiendo 1 cm a la línea de pecho. El hombro se modifica como en la espalda, elevando 1 cm desde E y ensanchando otro centímetro desde el mismo punto. (Fig. 15.)

La línea del escote la trazaremos desde G hasta N, situado 4 cm más arriba que el punto C.

La solapa la trazaremos del modo siguiente:

La línea B A la prolongaremos 3 cm y señalamos el punto A_2. Después bajamos 6 cm desde A, señalando el punto F. Desde A_2 bajamos 5 cm y marcamos el punto S. Unimos los puntos S y F y prolongamos dicha línea 1,5 cm, señalando el punto R, el cual unimos con el punto G.

A continuación, se traza una línea auxiliar desde S a N, y en el centro de dicha línea marcamos el punto X, desde el cual sacamos 1,5 cm. Después trazamos la curva del borde de la solapa desde S hasta N, pasando por el punto situado a 1,5 cm de X. Vea la figura 15.

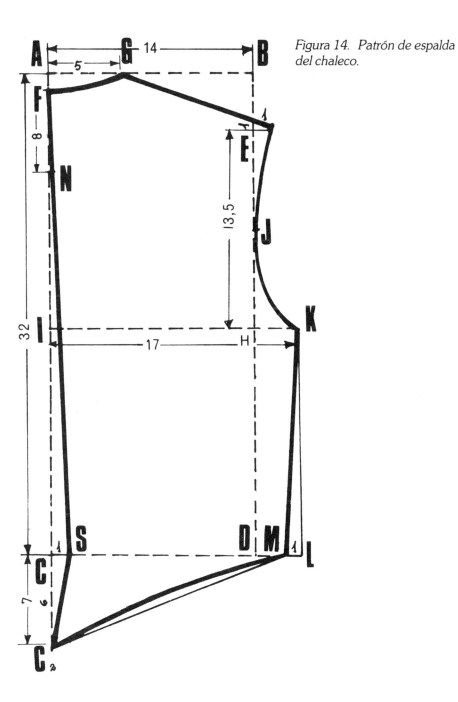

Figura 14. Patrón de espalda del chaleco.

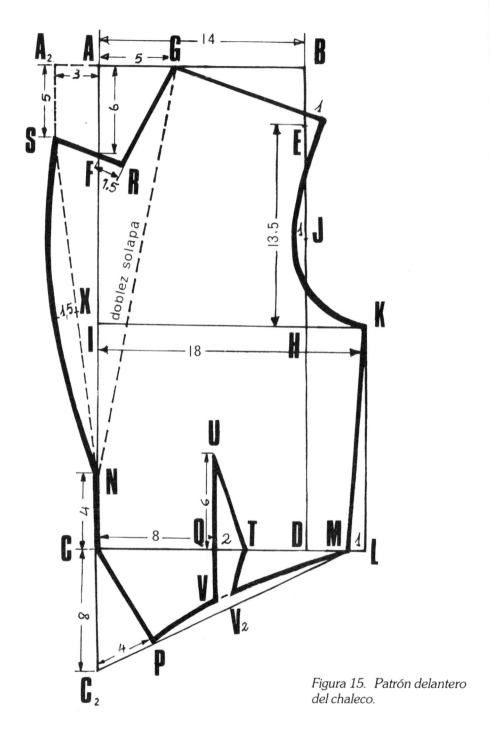

Figura 15. Patrón delantero del chaleco.

El entalle del delantero tendrá 1 cm más que en la espalda, o sea 3 cm, para rebajar el centímetro que aumentamos a la línea de pecho. En el costado entallaremos 1 cm y los otros 2 cm en la pinza.

La pinza la dibujaremos a 8 cm de C y señalamos el punto Q. A la derecha de este punto marcamos los 2 cm de entalle con la letra T. Después se suben 6 cm desde Q y señalamos el punto U, el cual unimos con T, quedando así formada la parte superior de la pinza.

A continuación prolongamos 8 cm la línea AC, señalando el punto C_2, desde el que trazaremos una línea auxiliar hasta M.

Para dibujar la punta del delantero, pondremos a 4 cm de C_2 el punto P. Desde P, trazamos una línea recta hasta C y una línea ligeramente curva hasta M.

Por último completaremos la pinza. Para ello prolongaremos la línea UQ hasta la curva PM, señalando el punto V. Desde T se baja una línea con la misma distancia que hay entre VQ, señalando el punto V_2, desde el cual rectificaremos la curva del bajo hasta M.

Patrón de la manga

El trazado de este patrón, se realiza de la misma forma que el patrón-tipo de manga sastre, explicado en el capítulo 2. Le aconsejamos se remita a él para su trazado.

Trazado del pantalón

Patrón del delantero

El modelo del pantalón de la figura 8 es cerrado por delante, por este motivo el patrón del delantero es exactamente igual en la parte derecha que en la izquierda.

Comenzaremos el patrón trazando un ángulo recto, en cuyo vértice ponemos la letra A. (Fig. 16.)

Desde A a B, pondremos la cuarta parte de cintura, y desde A a C el largo total del pantalón.

Después marcaremos desde C, hacia arriba, la medida de entrepierna, señalando el punto D.

Desde D, hacia la derecha, pondremos la cuarta parte de la vuelta de posaderas y señalamos el punto E.

A partir del punto E, trazamos una paralela a DC y con su misma medida, señalando el punto F.

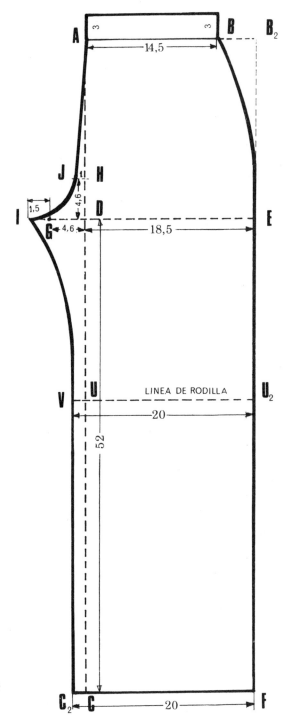

Figura 16. Patrón delantero del pantalón.

La línea E D la prolongamos con la cuarta parte de su medida y señalamos el punto G. La misma medida DG la pondremos desde D, hacia arriba, y señalamos el punto H.

Desde G se sacan 1,5 cm y marcamos el punto I. Los mismo hacemos desde H, sacamos 1 cm y señalamos el punto J. Después trazamos la línea de tiro desde A hasta J y continuamos la línea mediante una curva hasta I.

A continuación pondremos el largo de rodillas desde A, hacia abajo, y señalamos el punto U. La distancia DU la pondremos desde E, hacia abajo, señalando el punto U_2. Después trazaremos desde U_2 la línea de rodilla con la mitad de su contorno y señalaremos el punto V.

Desde F, hacia la izquierda, pondremos igual medida que entre U_2 V, y señalamos el punto C_2.

La línea de entrepierna la trazaremos desde I, pasando por V y terminando en C_2. Vea la figura 16.

Para completar la línea del costado, prolongaremos la línea FE y la AB hasta que se encuentren en un mismo punto que llamaremos B_2. Después trazamos una curva desde B hasta la línea B_2E, poco antes de llegar al punto E.

La tira de la cintura va unida al pantalón y tendrá de largo los mismos centímetros que hay entre AB y de ancho 3 cm.

Patrón de la trasera

Se comienza igual que en el delantero. Después de señalar el punto F, el trazado de la parte superior varía. (Fig. 17.)

Desde D a G pondremos la mitad de la distancia DE, y desde D a H la cuarta parte de dicha distancia.

El punto I lo marcaremos a 1,5 cm de G y el punto J a 1 cm de H, como en los modelos anteriores.

Después entraremos 2 cm desde A y señalaremos el punto K.

Trazaremos la línea de tiro desde K hasta J, continuando con una línea curva hasta el punto I. La línea de tiro la prolongaremos 3 cm desde K, y señalamos el punto L. Desde L trazaremos la línea de cintura con la cuarta parte de su vuelta, más 2 cm para la pinza, y señalaremos el punto B_2 a la misma altura de B.

La línea de rodilla U_2 V y la del bajo F C_2, miden 1 cm más que en el delantero.

La línea del costado la trazaremos ligeramente curva desde B_2 a U_2. Vea la figura 17.

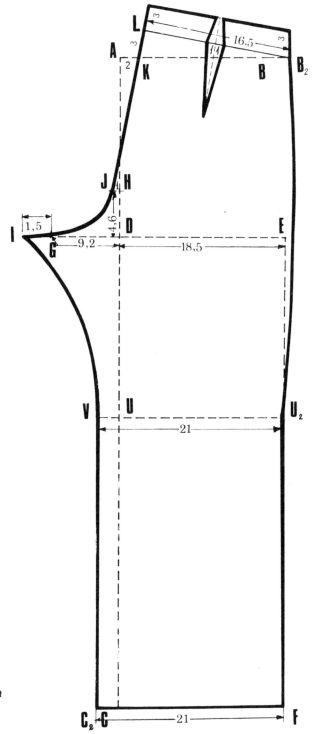

Figura 17. Patrón de la trasera del pantalón.

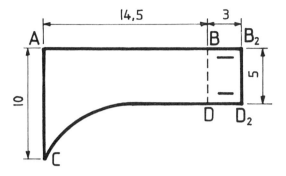

Figura 18. Patrón de la pieza que va unida en cada uno de los costados de la trasera.

La tira de la cintura va unida al pantalón como en el delantero, y tendrá de largo la cuarta parte de la vuelta de cintura, más 2 cm, y de ancho 3 cm.

Por último se dibuja la pinza como en los modelos anteriores.

Este modelo de pantalón lleva unas piezas unidas en costura con los costados de la trasera que se abrochan por delante formando una cinturilla, la cual sirve para sujetar mejor el pantalón.

En la figura 18 se indica la forma que han de tener estas piezas. Su medida es la siguiente: de largo, la cuarta parte de la vuelta de cintura; de ancho 10 cm por la parte del costado y 5 por el centro.

Confección del modelo

La confección del chaleco no ofrece ninguna particularidad. La colocación de entretela y picado de solapas es análoga a la del abrigo sastre de señora.

Las vistas se obtienen como de costumbre, calcándolas del patrón delantero. Estas se cortan después del mismo género del chaleco y se colocan en la forma ya explicada en lecciones anteriores. Las solapas se forran con raso blanco.

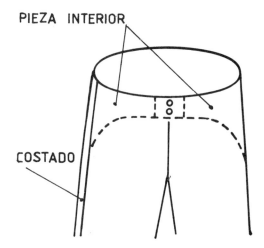

PIEZA INTERIOR

COSTADO

Figura 19. Las piezas se
abrochan por delante
mediante dos botones.

La confección del pantalón es análoga a la de los modelos anteriores, con la única variación de que el delantero es cerrado o sea, sin bragueta, y, por consiguiente, hay que dejarle abiertas las costuras de los costados por la parte superior para que entre cómodamente. Estas aberturas se rematan con una «pata», tal como explicamos en el capítulo 7 del Volumen 1 para las faldas, cerrándolas con un botón.

Las piezas que van abrochadas por debajo del delantero hay que forrarlas con percal. Después se cosen a los costados de la trasera. Para abrocharlas por delante, se colocan dos botones con los correspondientes ojales. (Fig. 19).

10

Prendas de caballero

El pantalón

Para realizar el patrón del pantalón son necesarias las medidas siguientes:

Contorno de cintura, contorno de posaderas, contorno del bajo, largo total y entrepierna.

La medida de contorno de posaderas se toma en la forma que indica la figura 1. La cinta métrica hay que pasarla por detrás, por la parte más saliente, y por delante se eleva hasta unos 6 cm de la cintura.

La medida de largo total se toma de la misma forma que para los pantalones de niño, sólo que la cinta métrica llegará hasta el suelo, descontando después 4 ó 5 centímetros para dejar el largo de pantalón. (Estos centímetros pueden variar según la moda.)

Los mismos centímetros que se descuenten al largo total, hay que descontarlos también a la medida de entrepierna. Esta, como ya sabe usted, se toma desde lo más alto posible de la entrepierna hasta el suelo.

Al contorno del bajo le daremos una medida adecuada. El ancho del pantalón suele variar debido a que la moda, unas veces presenta los pantalones anchos, y otras, estrechos.

Para el trazado del modelo que vamos a explicar emplearemos las siguientes medidas:

Contorno de cintura	88 cm
Contorno de posaderas: 104 más 4	108 cm
Contorno del bajo	46 cm
Largo total	100 cm
Entrepierna	70 cm

Trazado del delantero

Comenzaremos el patrón igual que en los pantalones de niño, o sea, trazando un ángulo recto con los puntos A, B y C. (Fig. 2.)

Desde A a B pondremos la cuarta parte de la medida de cintura, y, de A a C, el largo total del pantalón.

Después señalaremos la medida de entrepierna desde C, hacia arriba, con el punto D, y desde este mismo punto, hacia la derecha, pondremos la cuarta parte de la vuelta de posaderas, señalando el punto E.

A continuación trazaremos la línea E F, paralela a D C y uniremos F y C por medio de una recta.

Figura 1. Forma de tomar la medida de contorno de posaderas.

La línea E D la prolongaremos con la cuarta parte de su medida, menos 1 cm, y señalaremos el punto G.

La medida que hay entre D G más 5 cm, la pondremos desde D, hacia arriba, y señalamos el punto I. Desde este último punto, hacia dentro, ponemos 1 cm y señalamos el punto J. Desde G, hacia dentro, señalamos el punto H a 2,5 cm.

A continuación trazamos la línea de tiro del lado izquierdo del delantero que empieza en A, pasa por I y termina en G con una ligera curva. La línea de tiro del lado derecho empieza en A, pasa por J y termina en H.

En la mitad de la distancia HE marcamos el punto X. Después trazaremos una línea paralela a AC que pase por X, señalando en los extremos de la línea el punto K, en la línea de cintura, y el punto L en el bajo. La lína K L indica donde ha de hacerse la raya del pantalón.

A continuación pondremos los centímetros que resulten de la cuarta parte del contorno del bajo, a ambos lados de L, señalando los puntos M y N. Después señalaremos la línea de rodilla, que dista del punto F la mitad de la medida de entrepierna, más 4 cm.

La línea de cintura la alargaremos 4 cm desde B a B_2. Estos centímetros los cogeremos en un pliegue que colocaremos centrado en el punto K.

Después marcaremos a 1,5 cm de R el punto O y trazaremos la línea de costado que es ligeramente curva desde B_2 hasta la línea de rodilla, pasando por O y continúa recta hasta el bajo, en el punto M. (Vea la figura 2.)

La línea de entrepierna del lado derecho la trazaremos desde H a N. La del lado izquierdo la trazaremos ligeramente curva desde G hasta unos 15 cm por debajo de H, en el punto V.

Finalmente, añadiremos en el bajo el trozo necesario para el doblez del pantalón. Este doblez medirá de ancho 4 cm, pero como ha de ser doble, hemos de poner dos trozos de 4 cm cada uno, más otro de 2 cm para el borde que irá doblado hacia dentro. Con el fin de que estos dobleces no produzcan tiranteces, ensancharemos un poco el bajo del primer doblez, como se ve en la figura 2.

Trazado de la trasera

Trazaremos en primer lugar un ángulo recto con las mismas medidas que en el delantero. Los puntos D, E y F también hay que marcarlos igual. (Fig. 3.)

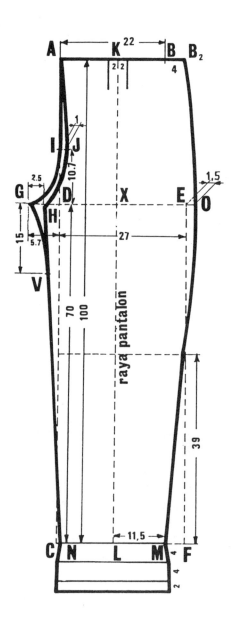

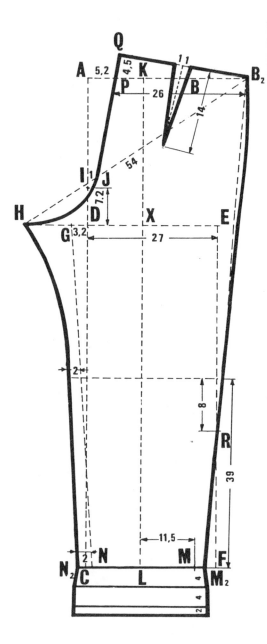

Figura 2. Patrón delantero del pantalón.

Figura 3. Patrón de la trasera.

El punto G lo marcaremos a 3,2 cm de D, o sea, los centímetros que pusimos en el delantero, menos 2,5 cm.

Después subiremos desde D hacia I los centímetros que hay entre D G, más 4 cm, total 7,2 cm. El punto J lo marcaremos a 1 cm hacia adentro de I.

Desde A a P pondremos la medida D G, más 2 cm, es decir, 5,2 cm.

A continuación prolongaremos la línea A B, poniendo desde P la cuarta parte de la medida de cintura, más 2 cm para la pinza y otros 2 cm para holgura, en total 26 cm, y señalamos el punto B_2.

Desde el punto B_2 marcaremos en línea recta, hasta la prolongación de la línea de posaderas, la mitad de la vuelta de posaderas, o sea 54 cm, y señalamos el punto H. Desde H a J trazaremos la curva de tiro, continuando el trazo con una línea recta hasta P.

La línea J P la prolongamos 4,5 cm y señalamos el punto Q, el cual unimos con B_2.

Ahora marcaremos el punto X en la mitad de la distancia E G, y trazaremos una paralela a A C que pase por X, señalando los puntos K y L. La línea K L nos sirve de referencia para hacer la raya del pantalón.

A ambos lados de L pondremos la cuarta parte del contorno del bajo, señalando los puntos M N. Después unimos N con G mediante una línea auxiliar.

La línea de rodilla la señalamos a la misma altura que en el delantero, es decir a 39 cm del punto F.

Desde N y M, respectivamente, sacaremos 2 cm para dar holgura al pantalón y señalamos los puntos N_2 y M_2.

La línea de entrepierna la trazaremos desde N_2 hasta la línea de rodilla, paralela a N G, continuando en curva suave hasta H. (Fig. 3.)

A 8 cm por debajo de la línea de rodilla señalamos el punto R.

La costura del costado se traza curva desde B_2 hasta R, y continúa recta hasta M_2.

La pinza la colocaremos en la mitad de la distancia Q B_2. Esta tiene 2 cm de profundidad y 14 de largo.

Solamente nos queda trazar el doblez del bajo. Este se realiza exactamente igual que en el delantero.

La tira que se coloca en la cintura medirá 3 cm de ancho y de largo la medida de la mitad de cintura, más 2 cm, es decir 46 cm. Cortaremos dos tiras iguales y después las uniremos por uno de sus extremos para que resulte con la vuelta completa de cintura.

Confección del pantalón

La confección del pantalón de caballero, así como la colocación de la cremallera, se realiza igual que la del pantalón de niño, que explicamos en el capítulo anterior, por lo que le aconsejo repase dicha explicación.

La vuelta del bajo la doblará usted del modo siguiente:

El primer trozo lo doblará hacia arriba; el segundo, hacia abajo, y los 2 cm últimos los doblará hacia adentro, cosiendo su borde por el revés del pantalón, con un punto escapulario. Después para que quede curioso el borde, se cubre éste, por dentro, con una tira de tela fuerte. Al mismo tiempo, esta tira sirve para evitar el desgaste del bajo con el roce del calzado.

Una vez bien planchado el doblez, lo sujetaremos por el revés con unas puntadas muy menudas que cojan sólo la tela interior.

Camisa de caballero

Esta prenda siempre es igual. Lo único que varía en ella, según la moda, es la anchura del cuello y la forma de las puntas de éste, que se ponen más o menos largas.

En las camisas para vestir, los puños se ponen dobles y abrochados con gemelos, porque resultan más elegantes. En las de sport son sencillos y se abrochan con un botón y un ojal.

Las medidas que emplearemos para el trazado de la camisa son las siguientes:

Ancho de espalda	42 cm
Largo de talle	47 cm
Altura de hombro	42 cm
Contorno de cuello	39 cm
Medida de sisa (mitad de su vuelta)	21 cm
Contorno de pecho: 96 más 10	106 cm
Largo total	80 cm
Largo de manga	62 cm
Contorno de muñeca	16 cm

La medida del cuello hay que tomarla ceñida. A la vuelta de pecho le aumentaremos 10 cm para que la camisa quede holgada.

Trazado del delantero

En esta prenda comenzaremos con el trazado del delantero, ya que necesitamos quitar un trozo de la parte del hombro para añadirlo al canesú de la espalda.

El trazado está basado en el patrón-tipo largo recto.

De anchura de escote pondremos la sexta parte del contorno de cuello, sin ningún aumento, es decir, 6,5 cm. De bajada, 2 cm más que de anchura, o sea, 8,5 cm. (Fig. 4.)

La línea de pecho medirá la cuarta parte de la vuelta completa.

En el costado entallaremos 1 cm, señalando el punto M.

Desde el punto L_2, hacia arriba, señalaremos 10 cm, y redondearemos la esquina como se ve en la figura 4.

A la línea central del delantero le añadiremos tres trozos de 3 cm. Un trozo es para el cruce que llevará los botones y los otros para los dos dobleces que suele llevar el cruce de las camisas de caballero.

Con una línea paralela al hombro y distante a 3 cm de éste, señalaremos el borde del trozo que hay que separar para unirlo luego al hombro de la espalda.

Trazado de la espalda

Se traza sobre la base del patrón-tipo largo recto, igual que el delantero. Después señalaremos el punto Y, a 8 cm por debajo del punto A, y trazaremos la línea Y Z (paralela de la A B), que es el borde del canesú. (Fig. 5.)

Desde Z bajaremos 1,5 cm y los uniremos con la línea del canesú por medio de una curva suave.

En el centro de la espalda, prolongando la línea del canesú, daremos un ensanche de 3 cm, que repartiremos en un ligero frunce al confeccionar la camisa.

Por último, completaremos el canesú colocando en éste el trozo correspondiente que separamos de la delantera. El trozo añadido lo uniremos por el hombro. Después se rectifica un poco la curva de la sisa en la parte del hombro, tal como indica la figura 5.

Trazado de la manga

Como puede ver en la figura 6, la manga de la camisa de caballero tiene muy poca forma en la enmangadura.

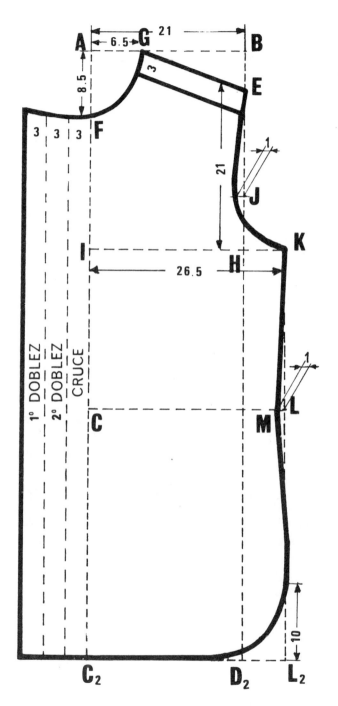

Figura 4. Patrón delantero de la camisa.

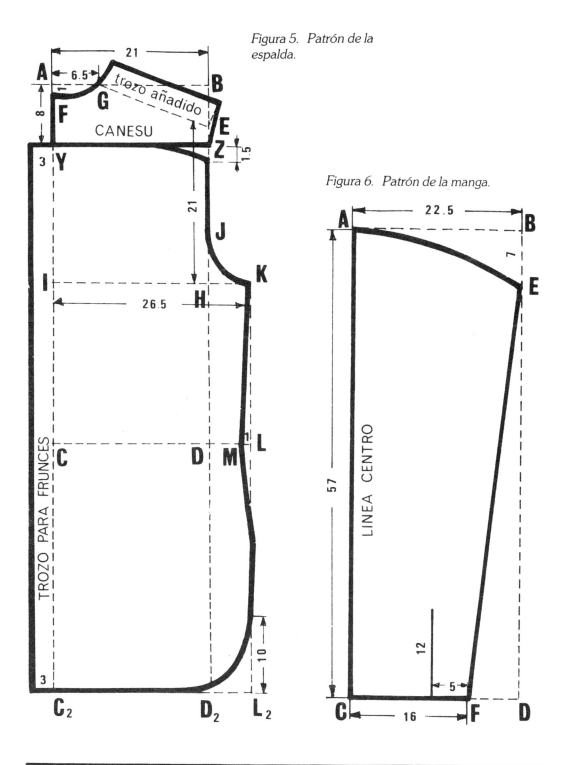

Figura 5. Patrón de la espalda.

Figura 6. Patrón de la manga.

235

Su trazado lo comenzaremos con un rectángulo de las siguientes medidas:

Desde A a B pondremos la medida de sisa más 1,5 cm. Entre A y C pondremos el largo total de manga, menos 5 cm. Rebajamos estos 5 cm para colocar el puño.

Desde B, hacia abajo, pondremos 7 cm (medida fija) y señalamos el punto E. Después se traza una curva suave desde A a E, que determina la enmangadura trasera y delantera, pues ambas son iguales.

En el bajo, desde el punto C, pondremos la mitad del contorno de muñeca, más 8 cm, y señalaremos el punto F. La línea de sangría la trazaremos desde E a F.

Por último, marcaremos la abertura que lleva la trasera de la manga. Dicha abertura la haremos a 5 cm de F, y de 12 cm de larga.

La lína A C de la manga ha de coincidir con el doblez del papel, a fin de que salga completa la manga al recortar el patrón.

El puño mide de alto 2 cm más que lo rebajado al largo de la manga, es decir 7 cm. (Fig. 7.) El objeto de este aumento es para que la manga no quede estirada, sino un poco floja.

La largura del puño es la medida del contorno de la muñeca, más 6 cm, en total son 22 cm. Este patrón lo cortaremos dos veces en tela doble, porque son dos puños y cada uno lleva dos telas.

Trazado del cuello

Tanto el cuello como la tirilla la dibujaremos en papel doble, coincidiendo la línea A C con el doblez del papel con objeto de que ambas piezas salgan enteras, ya que el patrón es sólo la mitad. (Figs. 8 y 9.)

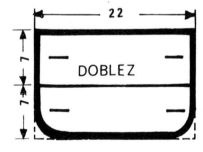

Figura 7. Patrón del puño.

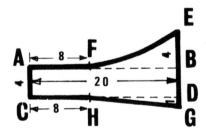

Figura 8. Patrón del cuello.

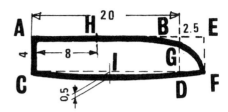

Figura 9. Patrón de la tirilla
que va unida al cuello.

Comenzaremos el trazado del cuello con el rectángulo A B C D. En la distancia A B y C D pondremos la mitad del contorno de cuello, más medio centímetro de holgura.

Entre A C y B D, marcaremos la anchura del cuello, 4 cm. Esta medida no es fija, pues su anchura varía según la moda.

La línea B D se prolonga, hacia abajo, 1 cm, señalando el punto G, y, hacia arriba, 4 cm, colocando el punto E.

El punto F lo marcaremos a 8 cm de A, trazando seguidamente una suave curva dese F a E. La misma distancia A F la marcaremos desde C a H, desde donde trazaremos una ligerísima curva hasta G. Las puntas del cuello pueden ser más cortas o más largas, según la moda. Cuando se desee que éstas queden más cerraditas, pasaremos la línea G E a 1 cm de B.

Para trazar la tirilla, dibujaremos el rectángulo ABCD con las mismas dimensiones que en el cuello. (Fig. 9.) Desde B y D sacaremos 2,5 cm para el cruce, señalando los puntos E F.

A 1 cm por debajo de B, marcaremos el punto G, el cual lo uniremos con F por medio de una pequeña curva. Desde el punto A, y a 8 cm de éste, señalamos el punto H, el cual unimos con G mediante una ligera curva.

En la mitad de la distancia C D, señalaremos el punto I, y dibujaremos después una curva suave desde C a D, pasando a 0,5 cm por debajo de I, con lo que queda terminada la tirilla.

Confección de la camisa

La tela y entretela que se utilicen para la camisa conviene mojarlas antes de cortarlas.

Todos los patrones los colocaremos sobre dos telas, siguiendo la dirección del hilo, excepto el canesú, que se cortará al contrahilo. Esta pieza hay que separarla del resto del patrón de la espalda antes de cortarla en tela, y puesto que el canesú tiene que llevar dos telas, lo cortaremos por dos veces. Tanto el centro del canesú, como el centro de la parte inferior de la espalda, han de coincidir con el doblez de la tela. En caso de que no hubiera suficiente tela, cortaríamos el canesú la segunda vez en un percal blanco, sirviendo éste de forro. Como generalmente el ancho de la tela no es suficiente para cortar completa la manga, añadiremos un trozo, uniendo orillo con orillo.

Los puños, cuello y tirilla se cortarán sobre dos telas, porque también son dobles, se cortarán además en la entretela que estas piezas han de llevar para que queden bien armadas.

Una vez cortadas todas las piezas marcaremos algunos aplomos, y comenzaremos el armado de la prenda.

En primer lugar, se cosen a máquina las costuras de los costados, cargándolas por el revés, a mano. En el bajo de estas costuras dejaremos sin coser un trecho de 10 cm. Tanto el borde de dicha abertura como el bajo de la camisa, se rematarán con un dobladillo fino, cosido con un punto de lado muy menudo.

En el extremo inferior de las costuras de los costados se pondrá un pequeño triángulo de la misma tela para que quede reforzada.

A continuación uniremos el canesú al resto de la espalda, montando aquél sobre ésta. Después coseremos por dentro la pieza del forro con un punto escondido, intercalando entre las dos telas la entretela. El frunce se repartirá por igual.

Seguidamente coseremos las mangas. La costura de sangría se hará cargada. Después cortaremos la abertura señalada en el patrón para el lado de la trasera y la remataremos con un vista. En el bajo de la manga pasaremos una bastilla y lo fruncimos hasta dejarlo a la medida del puño. Este se confeccionará aparte y después se hilvana sobre el frunce de la manga, pasando a continuación un pespunte que coja la tela superior del puño, la entretela y el borde de la manga.

Vuelto después el puño, hacia abajo, el borde de la tela que queda en la parte de adentro, se cose al borde de la manga, pespunteándola después. Este pespunte que lleva el puño en la parte de la unión con la manga, lo continuaremos por todo el borde, dándole la forma redondeada de las puntas.

Los dobleces del cruce no deben coserse, ya que quedarán sujetos con los botones y ojales. Los ojales hay que hacerlos con el mayor esmero. En el cruce del delantero se harán en sentido vertical, y horizontales en la tirilla y puños.

Aparte se confecciona el cuello, pasando un pespunte por todo su borde exterior que coja las tres telas. Las dos telas exteriores estarán con los derechos encarados y colocada encima la entretela. Una vez pasado el pespunte, se vuelve del derecho el cuello, volviendo a pasar un nuevo pespunte a medio centímetro del borde exterior.

A continuación colocaremos la tirilla con la entretela correspondiente, hilvanándola de manera que coja entre sus dos telas el borde del cuello, pasando después un pespunte que continuará hasta las puntas de la tirilla. Después volveremos ésta del derecho, o sea, hacia abajo, y una vez bien planchada, la colocaremos en el escote de la camisa como si se tratara de cualquier otro cuello. La costura de unión de la tirilla con el escote se rematará por dentro. Por último, se refuerza la tirilla, pasando un pespunte por todos sus bordes.

El calzoncillo

El calzoncillo de la figura 10 es sin costura en los costados, así es que la pieza del delantero y trasera la trazaremos en un solo patrón.

Para la explicación de su trazado emplearemos las medidas siguientes:

Contorno de cintura .... 82 cm
Contorno de posaderas: 100 más 4 .... 104 cm
Largo total .... 38 cm
Entrepierna .... 15 cm

Figura 10. Modelo de calzoncillo.

Trazado del delantero

Comenzaremos el patrón trazando la mitad del delantero. Para ello realizamos el rectángulo A B C D. (Fig. 11.) De A a B y de C a D, pondremos la cuarta parte de la vuelta de posaderas, y de A a C y de B a D el largo total del calzoncillo.

Desde C y D, respectivamente, subiremos los 15 cm de la medida de entrepierna, señalando los puntos E y F. Después de F a E trazamos la línea de posaderas, que prolongaremos desde E, con la tercera parte de su medida, menos 3 cm, y señalamos el punto G.

A partir de E, hacia arriba, marcaremos la misma medida que hemos puesto entre E G, menos 1,5 cm, y señalamos el punto H. La línea de tiro la trazaremos desde G hasta H y la línea de entrepierna desde G a C.

Por último, desde los puntos A y H, sacaremos 2 cm para el cruce y unimos éstos mediante una recta. Desde el punto H, trazamos una curva hasta un punto situado a 4 cm en la línea, tal como se ve en la figura 11.

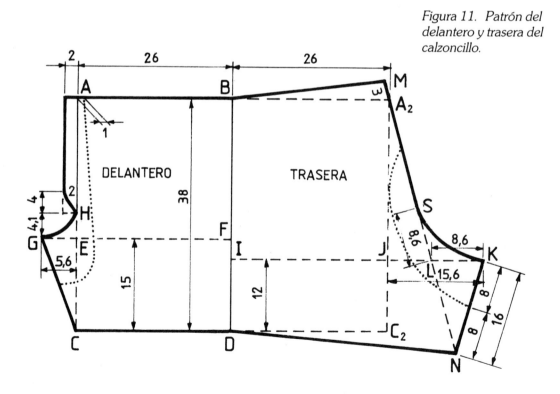

Figura 11. Patrón del delantero y trasera del calzoncillo.

Trazado de la trasera

Como ya hemos dicho en un principio el trazado del patrón de la trasera lo haremos unido al delantero porque el calzoncillo no lleva costuras en los costados.

Empezaremos prolongando las líneas AB y CD tantos centímetros como hay entre A y B y entre C y D y señalamos los puntos A_2 y C_2, respectivamente. Después uniremos por medio de una línea recta A_2 con C_2.

La medida de entrepierna que pusimos en el delantero, menos 3 cm, la pondremos desde D y C_2, respectivamente, señalando los puntos I y J, los cuales uniremos mediante una recta, quedando así trazada la línea de posaderas, que, como verá, queda más baja que en el delantero, debido a los 3 cm que hemos rebajado en la línea de entrepierna.

Prolongaremos ahora la línea I J con los mismos centímetros de la distancia E G del delantero, más 10 cm, señalando el punto K.

Después calcularemos la tercera parte de la lína J I, y el total lo señalaremos desde K, hacia dentro, con el punto L. Desde L trazaremos una línea recta hasta A_2, prolongándola en su misma dirección 3 cm, señalando el punto M. Este punto lo uniremos con B por medio de una línea recta.

A continuación prolongaremos la línea ML hacia abajo, y desde el punto K trazaremos una línea que vaya hacia la prolongación de la línea ML, que tenga igual medida que la distancia GC del delantero. En el punto donde se encuentren estas dos líneas marcamos la letra N. Desde este punto, hasta D, trazaremos la línea del bajo.

Desde L subiremos los mismos centímetros que hemos puesto de K a L y señalamos la letra S. A continuación trazamos una curva desde S a K, quedando dibujada la línea de tiro.

En la costura de tiro del delantero y trasera conviene poner un refuerzo, tal como se indica en la figura 11, con una línea de puntos. Aunque estos refuerzos los hemos dibujado sobre el mismo patrón, usted los debe de calcar en otro papel para cortarlos por separado.

La cinturilla

La cinturilla la dibujaremos tal como se ve en la figura 12. De A a B pondremos la mitad de la vuelta de cintura, más 3 cm de holgura.

Figura 12. Cinturilla del calzoncillo.

En la línea de centro A C le daremos 8 cm de anchura y a esta misma línea le añadiremos 2 cm, hacia la izquierda, para el cruce o montura.

En el centro de la cinturilla, por la parte de atrás, le pondremos 4 cm de anchura de B a D, y a 8 cm de B D señalaremos el ojal que haremos al confeccionar el calzoncillo.

Confección del calzoncillo

Aplicaremos el patrón sobre tela doble, de modo que la línea B D quede en la dirección del hilo.

La cinturilla recortará también en tela doble, coincidiendo la línea B D con el doblez de la tela.

Una vez cortado el calzoncillo completo, comenzaremos la confección. En primer lugar, hilvanaremos los refuerzos del delantero igual que se colocan las vistas. Vueltos hacia el revés de la prenda, se pespunta su borde por el derecho.

El refuerzo de la trasera se coloca por el revés del calzoncillo, doblando sus bordes hacia adentro y cosiéndolo con un pespunte a máquina.

Seguidamente uniremos las piezas del calzoncillo. Hilvanaremos y coseremos las dos costuras de las entrepiernas, uniendo después las dos piernas por la costura de tiro. La costura de unión de tiro se remata por el revés recargándola.

El bajo de las perneras se remata con un dobladillo de unos 2 cm de ancho, el cual se coserá a máquina.

La cinturilla la coseremos al calzoncillo con un pespunte, pasando otro por todo su borde por el derecho. En el cruce delantero de esta tira se harán tres ojales de hilo, colocando los correspondientes botones, que, a ser posible, serán de nacarina blancos. Al colocar la cinturilla se repartirá primero con un frunce el vuelo sobrante del calzoncillo; en los delanteros cogeremos un pliegue.

Por último, colocaremos un elástico en el centro de la cinturilla en la parte de atrás, que fruncirá un poco la cintura. Esta goma tendrá unos 10 cm de larga y se entra por los ojales grandes que haremos en el lugar indicado en el patrón de la cinturilla, abotonándola en cada extremo. (Fig. 13.)

En los extremos de la goma se cose un trocito de tela, donde se hace el ojal, y el botón se cose en el calzoncillo, cogiendo las dos telas de

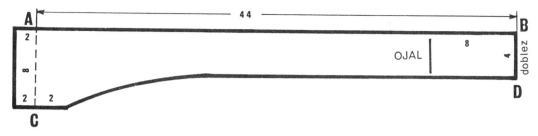

Figura 13. La parte de atrás
de la cinturilla lleva una goma
que frunce un poco la cintura.

la cinturilla. De esta forma se podrá quitar el elástico cada vez que haya
que lavar el calzoncillo, evitando que se estropee.

El pijama

El modelo que vamos a estudiar es un pijama clásico con solapas.
(Fig. 14.)

Las medidas que emplearemos para el estudio de este modelo son
las siguientes:

Medidas de chaqueta

Ancho de espalda	42 cm
Largo de talle	46 cm
Altura de hombro	41 cm
Contorno de cuello	39 cm
Medida de sisa	22 cm
Contorno de pecho: 100 más 8	108 cm
Largo total	76 cm

Medidas del pantalón

Contorno de posaderas: 104 más 4	108 cm
Entrepierna	76 cm
Largo total	104 cm

Figura 14. Modelo de
chaqueta de pijama.

Trazado de la chaqueta

Patrón de la espalda

Empezaremos trazando el patrón-tipo con alguna pequeña variación. A la bajada de escote le pondremos 1,5 cm. (Fig. 15.)

En esta prenda se desviarán las costuras de los costados hacia la espalda (esto suele hacerse también en las prendas de señora, sobre todo, tratándose de personas gruesas, es conveniente hacerlo). Quitaremos 2 cm del costado y los añadiremos al delantero. Así, pues, trazaremos la línea del costado paralela a la línea KL, y señalaremos los puntos Y Z. (Vea la figura 13.)

El trozo comprendido entre los puntos Y, Z, K, L lo separaremos de la espalda para unirlo al costado del delantero.

Patrón del delantero

Se traza también sobre la base del patrón-tipo. (Fig. 16.)

En la línea del costado añadiremos el trozo que hemos separado de la espalda, siendo la línea definitiva la que queda entre los puntos Y Z.

A 3 cm de la línea de centro, y paralela a ésta, trazaremos la línea de cruce. La curva del escote la prolongaremos hasta dicha línea.

Después trazaremos la vista, pero como este modelo lleva solapa aumentaremos la anchura de la vista en la parte donde va la solapa. La medida que se suele dar en tal caso es la de anchura de escote, más la de cruce, más 1 cm, o sea, 11,5 cm en el ejemplo que nos ocupa. Esta medida la pondremos desde la línea de cruce, hacia afuera, y señalamos el punto A_2.

La línea de pecho y el bajo la prolongaremos 6 cm que son los que tendrá de anchura la vista. El punto A_2 lo uniremos con la prolongación de la línea de pecho mediante una ligera curva y continuamos la línea hasta el bajo, punto C_3, mediante una recta.

Para dibujar la línea de escote en la vista, doblaremos el patrón por el borde del cruce y después pasaremos fuertemente el lápiz por la curva G F, quedando señalada en la vista que después perfilaremos con trazo más grueso.

El doblez de la solapa está indicado en la figura 16 con una línea que empieza en la tercera parte de la distancia A G y termina en el cruce, a la misma altura de la línea de pecho.

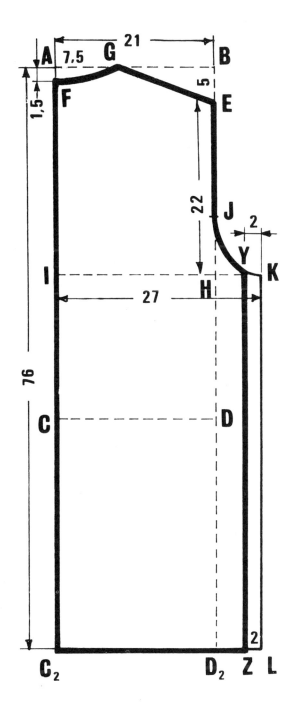

Figura 15. Patrón de la espalda.

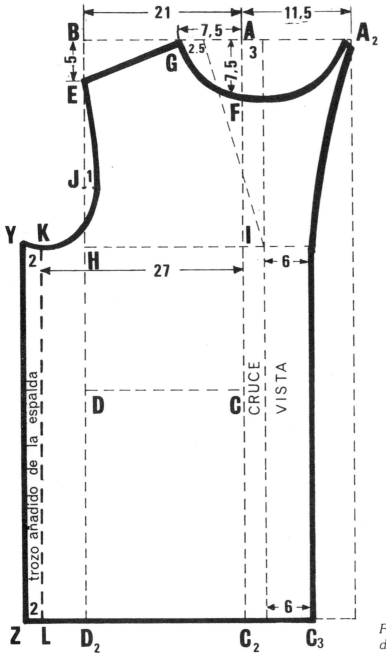

Figura 16. Patrón del delantero.

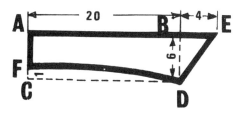

Figura 17. Patrón del cuello.

Patrón del cuello

Empezaremos realizando un rectángulo, como se ve en la figura 17, que tiene de largo 20 cm, es decir la mitad de la medida completa de escote, aunque en este caso le hemos dado medio centímetro más, y de ancho 6 cm.

Después prolongaremos 4 cm la línea A B y señalamos el punto E, el cual lo uniremos con D. Desde el punto D trazamos una ligera curva hasta el punto F, situado a 1 cm de C, con lo cual queda terminado el patrón de la mitad del cuello.

Patrón de la manga

En el pijama de caballero se pone la manga de tipo sastre. Su trazado es distinto a la que explicamos para el patrón de la manga sastre de señora.

La medida de la sisa la tomaremos sobre los patrones de espalda y delantero, es decir, midiendo la curva completa de sisa en el cuerpo, y la mitad de esta medida, menos 2 cm, será la que pondremos en la medida de sisa de la manga.

Las medidas que emplearemos para el trazado de este ejemplo son las siguientes:

Sisa (mitad de su vuelta): 25 menos 2 .... 23 cm
Largo de manga .... 61 cm
Contorno de codo .... 38 cm
Contorno de muñeca .... 30 cm
La medida de contorno de muñeca y codo suelen ser fijas.

Iniciaremos el trazado de la manga realizando el rectángulo ABCD. (Fig. 18.) De A a B pondremos la medida de sisa y de A a C y de B a D el largo total de manga.

Desde A, hacia abajo, marcaremos la mitad de la distancia AB, o sea, 11,5 cm, y señalaremos el punto E. A partir de B, hacia la izquierda, pondremos 4 cm (medida fija) y señalamos el punto D. Desde F hacia A, pondremos igual distancia que entre AE, y señalamos el punto G.

Después marcaremos 3 cm (medida fija) desde B, hacia abajo, con el punto H. Seguidamente trazaremos la curva superior de la manga que corresponde a la pieza encimera, ésta empieza en el punto E, pasa por G y F y termina en H. (Vea la figura 18.)

A continuación señalaremos en la mitad de la distancia EC el punto I y a 2 cm, hacia dentro, de dicho punto, la letra J. Desde C, hacia arriba, marcaremos 3 cm con el punto K.

Uniendo los puntos EJK, queda marcada la línea de sangría.

La línea del bajo' la trazaremos desde el punto K hasta la línea CD, con la medida del mitad de contorno de muñeca, y señalamos el punto L.

Desde J trazaremos una línea en sentido horizontal, en la que pondremos la mitad del contorno de codo, señalando el punto M. A continuación completaremos el trazado de la encimera de la manga uniendo los puntos HM y ML, mediante dos rectas.

Para trazar la curva de la bajera, señalaremos los siguientes puntos:

A la izquierda del punto H, marcaremos 2,5 cm con el punto N. Seguidamente, trazaremos una línea auxiliar dese N a E, y calculando la tercera parte de esta línea, marcaremos dicha medida desde E, hacia N, con el punto P. Desde este punto bajamos 3,5 cm y señalamos el punto Q.

Con estos puntos podemos trazar la curva de la bajera que empieza en E, pasa por Q y termina en N.

Por último, marcaremos a 10 cm por encima de M el punto S, el cual lo unimos con N, dando así por terminado el patrón de la manga.

Como este modelo de pijama lleva cartera en el bajo de la manga, hemos de realizar el patrón de dicha cartera. Para ello trazamos un rectángulo que tenga de ancho 5 cm de largo, la medida del contorno de muñeca, es decir, 30 cm.

Trazado del pantalón

Patrón del delantero

Empezaremos trazando un ángulo recto, cuyo vértice señalaremos con la letra A. (Fig. 19.)

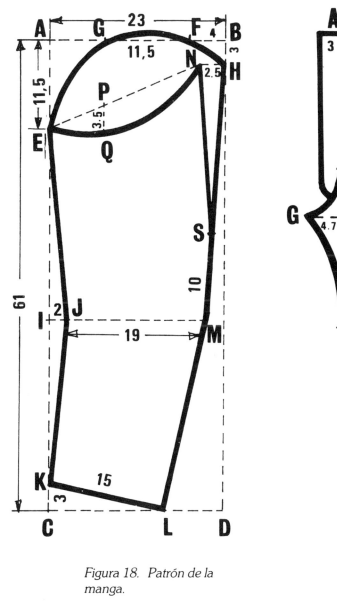

Figura 18. Patrón de la manga.

Figura 19. Patrón delantero del pantalón.

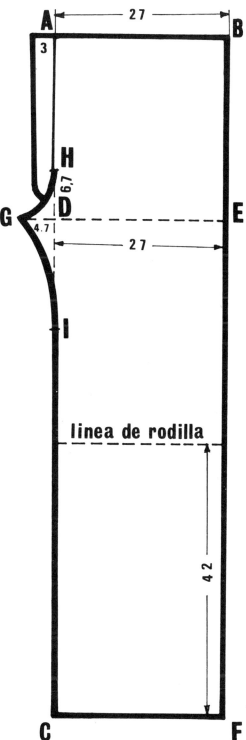

Desde A, hacia la derecha, pondremos la cuarta parte de la medida de posaderas, y señalamos el punto B. A partir de A, hacia abajo, marcamos el largo total del pantalón con el punto C.

Después trazamos desde C una paralela a AB y con su misma medida, señalando el punto F, el cual unimos con el punto B.

La medida de entrepierna la marcaremos desde C, hacia arriba, con el punto D. Desde este punto trazamos la línea de posaderas con una pasarela a AB, y señalamos el punto E.

A continuación, prolongaremos la línea de posaderas desde D, con la cuarta parte de su medida, menos 2 cm, y señalaremos el punto G.

La línea de rodilla dista del punto F la mitad de la medida de entrepierna, más 4 cm.

En la mitad de la distancia del punto D y la línea de rodilla, señalaremos el punto I. Después trazaremos la costura de entrepierna con una curva suave desde G a I.

A partir de D subiremos la cuarta parte de la línea DE, y señalaremos el punto H. Desde H a G trazaremos la curva de tiro.

En la línea de tiro añadiremos una tira de 3 cm de ancha para el cruce interior, tal como puede ver en la figura 19.

Patrón de la trasera

Trazaremos el rectángulo ABCF con las mismas medidas que pusimos en el delantero. (Fig. 20.)

Los puntos D, E, G, H y la línea de rodilla los marcaremos igual que en el delantero, o sea, con las mismas medidas.

A cada uno de los lados del bajo y de la línea de rodilla pondremos 2 cm para ensanchar la pierna.

La medida que hay entre G y H la pondremos desde G, hacia afuera, y señalamos el punto I. Esta misma medida la pondremos desde A a B y señalamos el punto L.

Desde I bajamos 1,5 cm y señalamos el punto K. Después marcaremos el punto J a 3 cm de H.

Con los puntos señalados podemos trazar la línea de entrepierna y tiro. La primera la trazaremos con una curva desde K hasta la línea de rodilla, prolongándola después hasta el bajo.

La línea de tiro la trazaremos desde K, pasando por G, hasta J, mediante una curva, continuando con una recta desde J hasta L, y prolongando dicha línea 5 cm señalaremos el punto M.

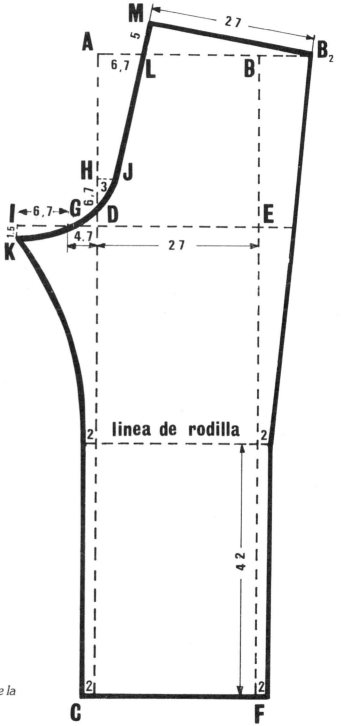

Figura 20. Patrón de la trasera.

Desde M, trazaremos la línea de cintura, con la medida de la cuarta parte de posadera, terminando en la prolongación de la línea AB con el punto B_2.

Finalmente trazamos la línea del costado, que va en dirección inclinada dese B_2 hasta la línea de rodilla, continuando en vertical hasta el bajo.

Confección del pijama

Todas las costuras de unión del pijama se harán cargadas, porque queda más limpio por la parte interior.

En el lado izquierdo del delantero del pantalón se colocará una tira con los ojales correspondientes para abrochar los botones que se colocarán en el cruce del lado derecho.

La cintura del pantalón se remata con un dobladillo ancho en el que se introducirá una cinta que vendrá a atarse en el centro del delantero.

El modelo lleva tres bolsillos en la chaqueta. Estos son cuadrados, con las siguientes medidas: el que va sobre el lado izquierdo del pecho es un cuadrado de 9 cm. Los dos de abajo son más grandes, o sea de 18 cm de lado.

11

Prendas interiores
de niño

El pijama

Presentamos un sencillo modelo de pijama muy apropiado para chicos de cualquier edad. (Fig. 1.)

Utilizaremos para su trazado las siguientes medidas:

Chaqueta

Ancho de espalda	34 cm
Largo de talle	35 cm
Altura de hombro	31 cm
Contorno de cuello	27 cm
Sisa (mitad de su vuelta): 15 menos 1	14 cm
Contorno de pecho: 72 más 4	76 cm
Largo total	48 cm
Largo de manga	40 cm
Contorno de muñeca: 13 más 5	18 cm

Pantalón

Largo total	69 cm
Contorno de cintura	62 cm
Contorno de posaderas	74 cm
Entrepierna	44 cm
Largo de rodilla	43 cm

Figura 1. Modelo de pijama.

Trazado de la chaqueta

Patrón de espalda

Para realizar este patrón, basta dibujar el patrón-tipo recto, sin ninguna variación, tal como puede ver en la figura 2.

Patrón delantero

Dibujaremos este patrón siguiendo las explicaciones del patrón-tipo delantero largo recto, añadiendo después, a la línea de centro, 2 cm para el cruce y 3 cm más para la vista. (Fig. 3.)

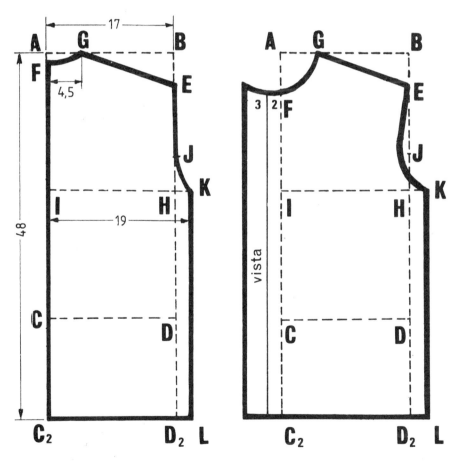

Figura 2. *Patrón de la espalda.*

Figura 3. *Patrón del delantero.*

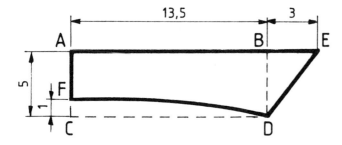

Figura 4. Patrón del cuello.

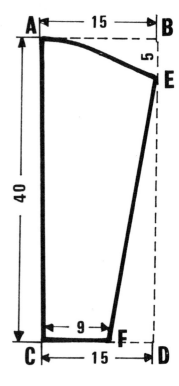

Figura 5. Patrón de la manga.

Patrón del cuello

El patrón del cuello lo dibujaremos de la misma forma que el de pijama de caballero, variando solamente las medidas.

Empezaremos dibujando el rectángulo ABCD. (Fig. 4.) Entre A y B pondremos la mitad de la medida completa del escote y de A a C, el ancho que deseemos dar al cuello, en este caso 5 cm.

Después prolongaremos 3 cm la línea AB y señalamos el punto E, que uniremos con el punto D. Desde este punto trazamos una ligera curva hasta el punto F, situado a 1 cm de C, con lo cual queda terminado el patrón.

Patrón de la manga

La manga del pijama de niño es de forma parecida a la de la camisa de caballero.

Comenzaremos su trazado con el rectángulo ABCD. (Fig. 5.) Entre AB se pone la medida exacta de sisa, o sea, sin el descuento que hemos hecho en la sisa del cuerpo, ya que conviene que esta manga quede holgadita para que resulte cómoda. Desde A a C pondremos el largo de manga y completamos el rectángulo trazando las líneas CD y DB.

La bajada B E medirá 5 cm (media fija). La enmangadura se traza desde A a E con una curva ligeramente ondulada.

Para trazar la costura de sangría pondremos la mitad del contorno de muñeca desde C hacia D, y señalaremos el punto F. Después uniremos con una recta los puntos EF quedando así trazada la línea de sangría.

Trazado del pantalón

La trasera y delantera del pantalón de pijama de niño se trazan sobre el mismo patrón, calcando después una de las piezas a otro papel, tal como hicimos en el pantalón de pijama de señora. Las líneas de puntos corresponden a la trasera.

Patrón del delantero

Comenzamos el trazado del delantero con el ángulo recto A B C. (Fig. 6.) Desde A a B pondremos la cuarta parte de posaderas, y desde A a C, el largo total de pantalón.

A continuación subiremos la medida de entrepierna desde C y se ñalaremos el punto D. Desde este último punto trazaremos una línea paralela a A B y señalaremos el punto E. La línea de costado la traza remos desde B a E, prolongándola hasta el bajo, donde señalaremos el punto F.

La línea E D la prolongaremos hasta G con la cuarta parte de su medida. Desde D a H pondremos la misma medida D G, más 2 cm, o sea, 6,6 cm en este ejemplo.

Uniendo los puntos H G con una curva quedará dibujado el tiro de la parte delantera del pantalón.

Desde A y B, hacia abajo, marcaremos el largo de rodilla trazando la línea de la misma.

Por último trazaremos la entrepierna con una línea ligeramente curva desde G hasta la línea de rodilla.

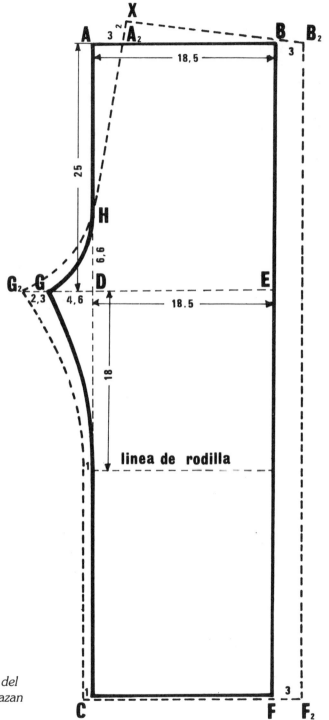

Figura 6. El patrón del delantero y de la trasera del pantalón de pijama se trazan sobre un mismo patrón.

258

Patrón de la trasera

A 3 cm de la línea B F, trazaremos la línea B_2 F_2, que será el costado de la trasera, quedando ésta con la holgura necesaria. (Fig. 6.)

Desde G a G_2 pondremos la mitad de la medida D G y uniremos los puntos G_2 H con una curva, que será el tiro de la trasera. En la línea de cintura, a 3 cm de A señalaremos el punto A_2. Después trazaremos una recta desde H a A_2 prolongándola en su misma dirección 2 cm, con lo que señalaremos el punto X. La cintura la trazaremos desde X a B_2.

A partir del punto C, sacamos 1 cm, e igualmente desde la línea de rodilla. Después trazaremos la línea de entrepierna desde G_2 hasta el punto que hemos marcado a 1 cm de la rodilla, continuando en línea recta hasta el bajo.

Figura 7. Modelo de camisa para niño.

Confección del pijama

Una vez cortadas en la tela todas las piezas correspondientes a la chaqueta y pantalón, se seguirán las normas acostumbradas.

Todas las costuras se hacen cargadas, porque así queda más limpio de remates por el revés.

La cintura del pantalón se remata por la parte interior con un dobladillo por el que se pasa una goma o cinta. Si se pone cinta se han de hacer dos ojales en el centro delantero para sacar las puntas. También puede ponerse una cinturilla, abrochando el pantalón por los costados mediante ojal y botón, en cuyo caso se dejará una abertura de unos 8 cm en la que se confeccionará una pata. Para colocar la cinturilla hay que recoger mediante unos pliegues el vuelo sobrante de la cintura. El ancho de la cinturilla será de unos 3 cm.

Camisa de niño

Los puños de esta camisa son sencillos, estilo americano, por resultar más cómodos para los niños. Se abrochan con un ojal y un botón simplemente.

Para el estudio de la camisa emplearemos las siguientes medidas:

Ancho de espalda	30 cm
Largo de talle	32 cm
Altura de hombro	28 cm
Contorno de cuello	27 cm
Sisa (mitad de su vuelta): 15 menos 1	14 cm
Contorno de pecho: 68 más 4	72 cm
Largo total	56 cm
Largo de manga	37 cm
Contorno de muñeca: 11 más 6	17 cm

Trazado del delantero

Comenzaremos trazando el delantero como en la camisa de caballero, con las correspondientes medidas. (Fig. 8.)

De anchura de escote pondremos la sexta parte del contorno de cuello, sin ningún aumento. A la bajada A F se le da 2 cm más que la distancia A G.

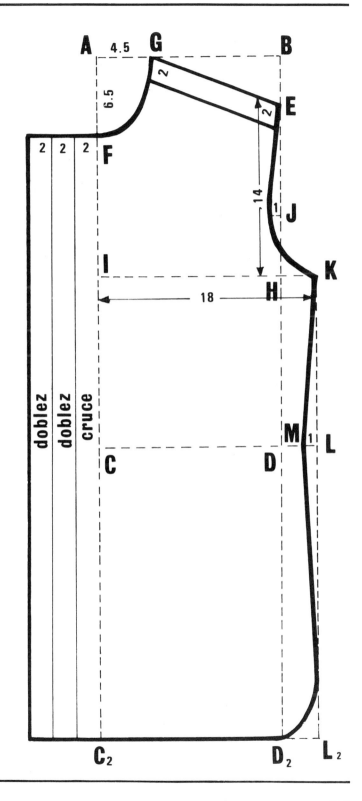

Figura 8. Patrón del delantero.

El costado lo entallaremos 1 cm en el talle. La esquina L_2 se redondea como se ve en la figura 8.

A la línea central añadiremos tres trozos de 2 cm. Un trozo para el cruce, que llevará los botones y los otros dos para los dobleces que suele llevar el cruce en las camisas.

Finalmente, trazaremos una línea paralela al hombro y distante de éste 2 cm. Este trozo se ha de cortar para unirlo después al hombro de la espalda.

Trazado de la espalda

La base de este patrón es también el patrón-tipo con las siguientes modificaciones:

Se entalla el costado 1 cm y se redondea la esquina L_2, ya que las camisas van abiertas por la parte inferior de los costados. (Fig. 9.)

El borde del canesú lo trazaremos con una paralela a la línea A B y a 6 cm de ella, señalando los puntos Y Z.

Desde el punto Z bajaremos 1 cm y lo uniremos con una curva muy suave con la línea Y Z (borde del canesú), quedando marcada una pinza.

Después prolongaremos 2 cm la línea del canesú y el bajo. Estos 2 cm los repartiremos después en frunces debajo del canesú.

Por último completaremos el canesú colocando en éste el trozo correspondiente que separamos de la delantera. Ambas piezas las uniremos por los hombros. Después se rectifica un poco la curva de la sisa en la parte del hombro, tal como indica la figura 9.

Trazado de la manga

La manga tiene la misma forma que la de caballero.

En la línea A B pondremos la medida de sisa, sin rebajarle 1 cm (Fig. 10.)

La línea A C medirá 3 cm menos que el largo total, con objeto de dejar sitio al puño.

Desde B, bajamos 3,5 cm (media fija) y señalamos el punto E. La costura de sangría la trazaremos desde E hasta el punto F situado 2 cm hacia dentro del punto D.

Después se traza una curva suave desde A a E, que determina la enmangadura trasera y delantera, pues ambas son iguales.

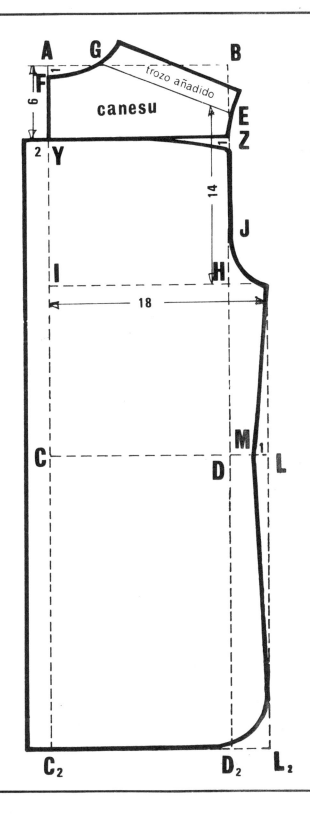

Figura 9. Patrón de la espalda.

263

A 5 cm de F dibujaremos la abertura que lleva la manga con 9 cm de largura. Dicha abertura solamente se hace en la trasera de la manga, o sea, donde llegan los extremos del puño.

Trazado del puño

La anchura es de 5 cm, o sea, 2 cm más que lo que se ha disminui-do al largo de la manga. La largura será la del contorno de muñeca con 6 cm de aumento.

Las puntas del borde exterior se redondean como indica la figu-ra 11.

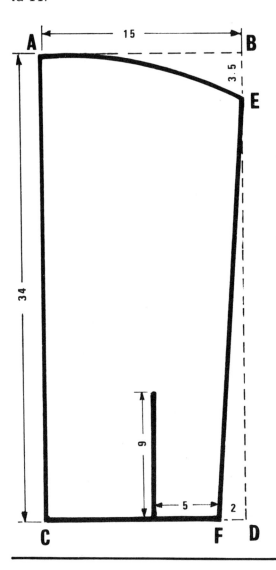

Figura 10. Patrón de la manga.

Este patrón lo cortaremos dos veces, haciendo coincidir el borde C D con el doblez de la tela, porque son dos puños.

Trazado del cuello

Para trazar el cuello dibujaremos el rectángulo A B C D. (Fig. 12.) En la distancia AB y CD pondremos la mitad del contorno de cuello, más 1 cm que daremos de holgura, en total son 14,5 cm en el ejemplo que estamos estudiando.

Entre AC y BD señalamos la anchura de cuello, 3,5 cm.

Para la punta del cuello subiremos 3 cm desde B y señalamos el punto B_2, el cual uniremos con la línea AB, mediante una ligera curva.

Para la tirilla dibujaremos el rectángulo ABCD, con las mismas dimensiones que en el cuello. (Fig. 13.)

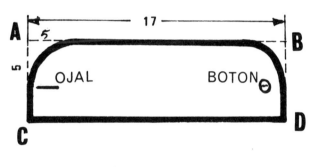

Figura 11. Patrón del puño.

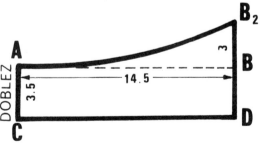

Figura 12. Patrón del cuello.

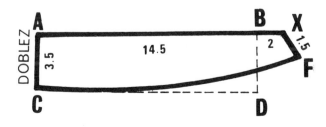

Figura 13. Patrón para cortar la tirilla del cuello.

Después alargaremos 2 cm la línea AB y señalaremos el punto X, desde el cual bajaremos 1,5 cm de forma inclinada, señalando el punto F.

Desde F trazaremos una curva suave hasta el centro de la línea CD.

La anchura de la tirilla y cuello pueden variar según la moda.

Confección de la camisa

La confección de esta camisa es exactamente igual que la de caballero, por lo que le aconsejamos repase la explicación que dimos en el capítulo anterior.

En el delantero izquierdo se coloca un bolsillo de parche, cuya forma y dimensiones se indican en la figura 14.

El calzoncillo

El calzoncillo de niño presenta muy pocas variaciones con el de caballero; ambos son sin costura en los costados, por lo que se trazan la pieza del delantero y de la trasera en un solo patrón. (Fig. 15.)

El ejemplo está hecho con las siguientes medidas:

Contorno de cintura .... 54 cm
Contorno de posaderas: 68 más 4 ....: 72 cm
Largo total .... 30 cm
Entrepierna .... 8 cm

Figura 15. Modelo de
calzoncillo para niño.

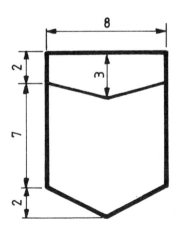

Figura 14. Patrón del bolsillo.

Esta última medida se toma hasta donde se haya señalado el largo total.

Trazado del delantero

Iniciaremos el trazado de la pieza del delantero con un rectángulo de las dimensiones siguientes: entre AB y CD pondremos la cuarta parte de posaderas y entre AC y BD el largo total. (Fig. 16.)

Desde C y D, hacia arriba, pondremos la medida de entrepierna y señalaremos los puntos E y F, respectivamente.

Desde F a E trazaremos la línea de posaderas, prolongándola en su misma dirección hasta G con la tercera parte de su medida, menos 3 cm.

Desde E hacia A pondremos la medida E G, menos 0,5 cm, y señalamos el punto H.

Por último, trazaremos la línea de tiro con una curva desde H a G, y la de entrepierna con una recta desde G a C. En la línea A H aumentare-

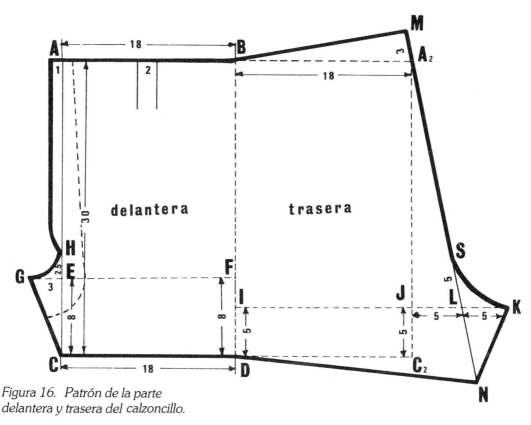

Figura 16. Patrón de la parte delantera y trasera del calzoncillo.

mos 1 cm para el cruce o montura. El ancho del cruce se puede variar según se desee.

En la cintura se señala el pliegue de unos 2 cm de profundidad para reducir un poco la diferencia que existe entre la medida de cintura con la de posaderas.

Trazado de la trasera

Como ya dijimos en un principio, este patrón se traza unido al delantero, quedando un solo patrón.

Las líneas AB y CD las prolongaremos con la medida de la cuarta parte de posaderas, señalando los puntos A_2 y C_2, los cuales uniremos entre sí mediante una recta. (Fig. 16.)

Después pondremos la medida de entrepierna, menos 3 cm, desde D y C_2, respectivamente, señalando los puntos I y J. La línea de posaderas de la trasera queda más baja que la de la delantera. Prolongando dicha línea desde J, con la medida EG de la delantera, más 2 cm, señalaremos el punto L. Desde este mismo punto continuamos la prolongación de la línea con la misma medida anterior y marcamos el punto K.

Desde L a A_2 trazaremos una recta que prolongaremos 3 cm en su misma dirección, señalando el punto M. La línea de cintura se traza desde M a B.

A continuación prolongamos la línea ML, hacia abajo y, desde el punto K, trazamos una línea hacia la anterior, con igual medida que entre G y C del delantero. En el punto donde se crucen estas dos líneas señalamos el punto N. Desde este punto hasta D trazaremos la línea del bajo.

A partir de L, se suben los mismos centímetros de la distancia JL y se señala el punto S. Uniendo los puntos S y K por medio de una curva queda dibujado el tiro.

El refuerzo que hay que colocar en la parte del tiro y entrepierna, se dibuja sobre el mismo patrón del calzoncillo de la misma forma que en el de caballero. Dicho refuerzo se calca después a otro papel y se recorta por separado en la tela.

La cinturilla

El trazado de la cinturilla lo haremos como se presenta en la figura 17.

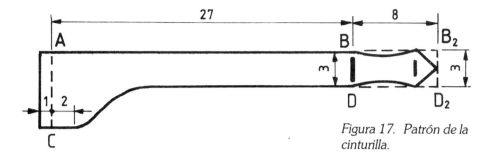

Figura 17. Patrón de la cinturilla.

Desde A a B pondremos la mitad de la vuelta de cintura y de A a C el ancho que daremos a la cinturilla, que en este caso son 6 cm. A la línea AC le añadiremos, hacia la izquierda, 1 cm para el cruce.

A partir de B, hacia abajo, pondremos la mitad de la distancia AC y señalamos el punto D.

Desde B y D, respectivamente, añadimos 8 cm para la lengüeta y marcamos los puntos B_2 y D_2. Después terminamos de trazar la cinturilla de la misma forma que se ve en la figura 17.

Confección del calzoncillo

La confección es análoga a la del calzoncillo de caballero con la única diferencia de que en el de niño la cintura es abierta en el centro de la trasera y hay que dejar sin coser un trecho de unos 10 cm en la parte alta de la costura de tiro, poniendo un refuerzo como remate de dicha abertura.

Antes de colocar la cinturilla se cogen los pliegues en los delanteros y se frunce la trasera hasta dejar el calzoncillo con la medida exacta de la cintura. En una de estas lengüetas se confeccionará un ojal grande por el que se introducirá la lengüeta del otro lado, de manera que ambas queden cruzadas. En las puntas se les hace un ojal pequeño para abrocharlas en los correspondientes botones. En el extremo del delantero izquierdo de la cinturilla también es necesario hacer dos ojales, colocando los correspondientes botones en el extremo del lado derecho.

12

Ajuar del recién nacido y puntos de adorno

Prendas del recién nacido

Este capítulo, dedicado a la ropita del bebé, espero ha de resultarle muy útil e interesante.

Comenzaré por enumerar las distintas prendas que integran el equipo:

Camisitas, seis	Faldones, tres
Jubones, seis	Jerseys, tres
Fajas, dos	Baberos, seis
Braguitas, doce	Toquillas, dos

El número de cada prenda puede aumentarse lo que se desee, esto depende de las posibilidades de la mamá.

Cada prenda se le pone al niño siguiendo el orden de la lista. Algunas de estas ropitas es necesario renovarlas con frecuencia, puesto que el niño se desarrolla rápidamente a partir de su nacimiento.

A continuación están detalladas las medidas de dos tamaños, pequeño y grande, que servirán para los distintos períodos del primer año de vida del niño.

Medidas del tamaño pequeño

Ancho de espalda	19	cm
Largo de camisita	20	cm
Altura del hombro	18,5	cm
Contorno de pecho	44	cm
Anchura de escote	3,5	cm
Sisa (mitad de su vuelta)	9	cm
Largo de manga	14	cm

Medidas del tamaño grande

Ancho de espalda	21 cm
Largo de camisita	23 cm
Altura del hombro	21 cm
Contorno de pecho	48 cm
Anchura de escote	4 cm
Sisa (mitad de su vuelta)	10 cm
Largo de manga	16 cm

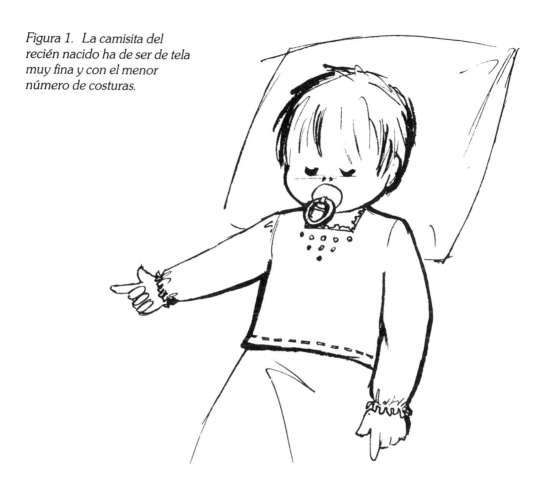

La camisita

Esta prenda, que ha de ir en contacto con la delicada piel del niño, debe hacerse de una tela finísima y suave. También hay que procurar hacerla con muy pocas costuras, las cuales se harán por el derecho de la prenda, cargándolas por el mismo lado con puntaditas muy finas.

La espalda es abierta abrochándose junto al escote con un botoncito y presilla. Los bordes de la abertura y parte inferior de la camisita se rematan con un dobladillo hacia afuera, cosido con una vainica muy fina. El escote y bajo de las mangas se adornan con una puntilla Valenciens o se terminan con un festoncito. Esto último es más duradero y queda muy fino. (Fig. 1.)

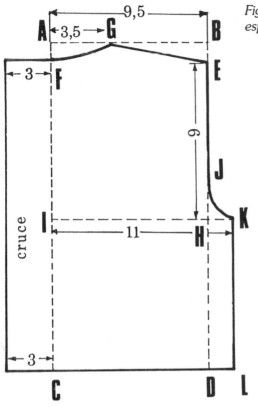

Figura 2. Patrón de la espalda.

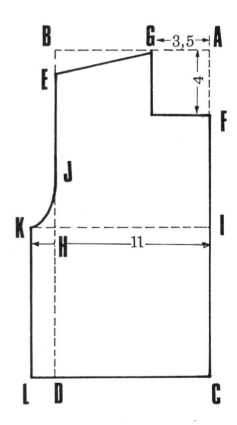

Figura 3. Patrón del delantero.

Trazado de la espalda

En la figura 2 está representada la espalda, que es el patrón-tipo con las medidas del tamaño pequeño. Como el centro es abierto, le añadiremos 3 cm para el cruce.

Trazado del delantero

Se trata también del patrón-tipo, con las mismas medidas que la espalda. (Fig. 3.) El escote es cuadrado, poniéndole de bajada 4 cm, o sea, medio centímetro más que de ancho.

Al ir a cortar la camisita sobre la tela, se aplicarán ambos patrones (espalda y delantero) unidos por los costados, línea K L, y se hará coincidir el doblez de la tela con el centro del delantero. De este modo, se suprimen las costuras de los costados, pues, como dijimos al principio, conviene que esta prenda lleve pocas costuras, a fin de evitar roces en la delicada piel del niño.

Trazado de la manga

El patrón de la manga se realiza igual que la del niño, explicada anteriormente. Entre A y B pondremos la medida de sisa. (Fig. 4). Entre A y C el largo de manga. La bajada B E mide 2 cm (medida fija), y el bajo, C F, 7 cm. Si empleamos las medidas para el niño de tamaño grande solamente variarán en el trazado las medidas del largo y sisa.

El jubón

El jubón es una chambrita de la misma forma que la camisita, pero hecha en tela gruesa. Puede hacerse en piqué afelpado, aunque generalmente se compra hecho de punto de lana.

La faja

Esta sirve para envolver el vientre del niño, sujetando a la vez, la camisita y el jubón.

Las fajas suelen comprarse hechas, aunque también pueden hacerse con algodón o cotón perlé a punto de aguja, a base de un punto que

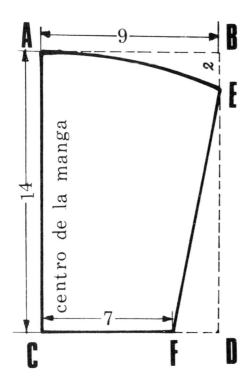

Figura 4. Patrón de la manga.

A ← 9 → B

centro de la manga

14

7

C F D

2

E

Figura 5. Modelo de faja.

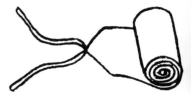

no ceda mucho y empleando agujas muy finas. Se hace simplemente una tira de 1 m de larga por 12 cm de ancha, con un extremo terminado en punta en la que se cosen dos cintas que servirán para atarla. (Fig. 5.)

El pañal

Esta prenda debe hacerse de hilo o tela blanca fina. Es un cuadro de 50 cm de lado, con los cuatro bordes rematados con un dobladillo estrechito. (Fig. 6.)

Se dobla diagonalmente, o sea, al bies de la tela, y se le pone al niño encima de la faja, de modo que el doblez se ciña la cintura por la espalda, viniendo a cruzar las dos puntas por delante de la cintura, juntamente con la otra punta que se habrá pasado por entre las piernas.

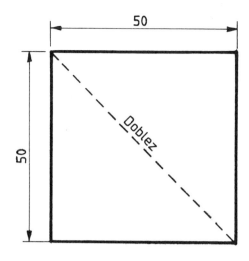

Figura 6. Pañal de hilo o tela blanca fina.

Figura 7. Modelo de braga.

La braga

Como el pañal es de tela muy fina, es necesario colocar encima la braguita de felpa o ruso para absorber la humedad. Forrando la braga en su parte interior con una tela fina, no es necesario el pañal. Actualmente, éste suele suprimirse por resultar más cómodo.

Las bragas se hacen todas del mismo tamaño, pues dejando la cintura más o menos holgada, sirven para el primer año del niño. (Fig. 7.)

El trazado de este patrón lo haremos sobre papel doble, ya que haciendo coincidir la línea A C de la figura 8 con el doblez del papel obtendremos, al desdoblarlo, la braga completa.

Trazado del patrón

Iniciaremos su trazado con un ángulo recto, que medirá 26 cm desde A a B y 42 cm de A a C. (Fig. 8.) Desde B bajaremos 9,5 cm y señalaremos el punto D. La línea B D ha de formar ángulo recto con la A B.

Desde D trazaremos una recta hasta C. En dicha línea marcaremos 9 cm desde C y D, señalando los puntos E y F, respectivamente.

En el centro exacto de la distancia E F señalaremos el punto G, desde el que trazaremos una línea de 4,5 cm con ayuda de la escuadra, señalando el punto H en el extremo de dicha línea.

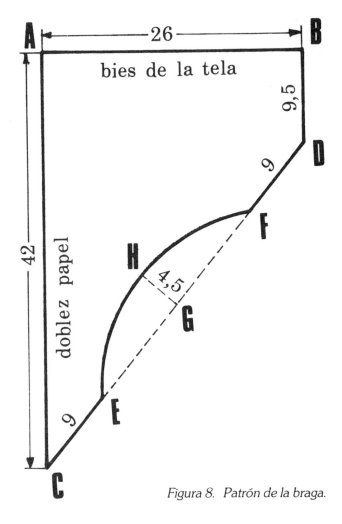

Figura 8. Patrón de la braga.

Trazando una curva desde F a E, pasando por H, tenemos el patrón acabado, correspondiente a la mitad de la braga.

La cinturilla la cortaremos doble, en tela de percal, con un largo de 52 cm y un ancho de 3 cm. Para coserla se doblan sus bordes hacia adentro, introduciendo entre ellos 1 cm del borde de la cintura de la braga, pasando a continuación un pespunte sujetando las tres telas a la vez.

Los bordes se ribetean con una tira de percal. Los ojales y botones se colocan en el lugar que indica el modelo de la figura 7.

En la encimera de la cinturilla, por la parte de la espalda, se hacen dos ojales situados a unos 8 cm a cada lado del centro. Después se cose una cinta en cada uno de estos ojales y se introducen por ellos en la cinturilla, sacándolas por el ojal contrario, quedando cruzadas en el interior. Las cintas se atan por delante pudiendo ajustar la braga a la cintura del niño, tanto como sea necesario.

El faldón

Esta prenda puede confeccionarse en diferentes clases de tela. Generalmente el faldón está formado por dos piezas, cuerpo y falda amplia. Si se hace de tela fina, el vuelo de la falda se recoge en frunces, y si se hace de tela gruesa, en pliegues.

En la figura 9 presentamos un modelo para realizarlo en organdí. A unos 10 cm del borde del bajo lleva un entredós de encaje, con volantitos fruncidos de puntilla Valenciens, cubriendo la unión del entredós a la tela. El bajo y la bocamanga se rematan con otro volantito de la misma puntilla.

Por detrás es abierto, abrochándose el cuerpo con pequeños botoncitos de nácar.

Cubriendo la costura del talle, lleva una cinta de satén formando lazada delante.

Trazado de la espalda

Este patrón se realiza sobre el patrón-tipo corto recto, como en la camisita, variando solamente la medida del largo del cuerpo, que será de 13 cm en la talla pequeña y 15 cm en la grande, y la altura de hombro que es de 11,5 cm y 13 cm, respectivamente. (Fig. 10.)

A la línea de pecho le aumentaremos 1 cm más de su medida, para darle un poco de holgura, ya que el faldón se le pone al niño sobre otras prendas.

En la línea A C añadiremos 3 cm para el cruce, con lo cual queda terminado el patrón.

Trazado del delantero

El patrón del delantero es el mismo que el de espalda, variando solamente la medida de bajada de escote, que en este caso se le pone la misma que de anchura. Vea el trazado de este patrón en la figura 11.

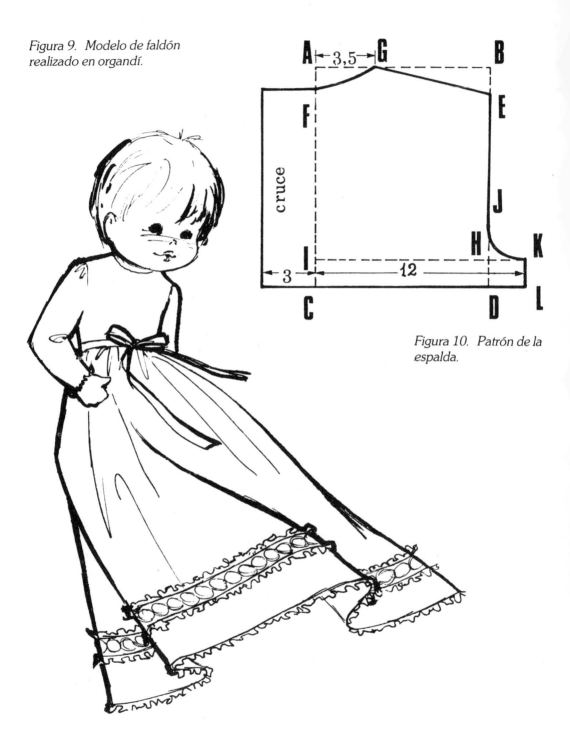

Figura 9. Modelo de faldón realizado en organdí.

Figura 10. Patrón de la espalda.

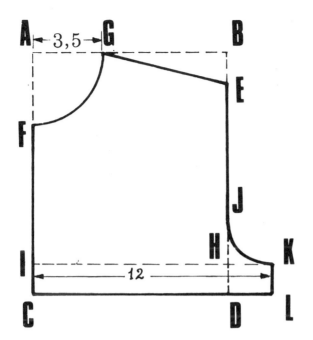

Figura 11. Patrón del delantero.

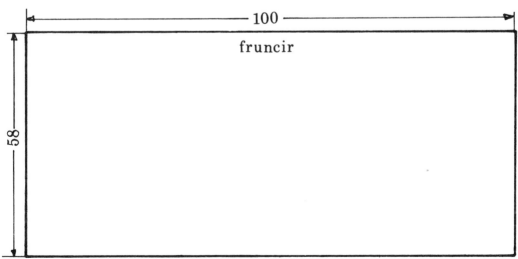

Figura 12. Patrón de la falda.

Figura 13. Modelo de babero.

Trazado de la falda

Este patrón es muy sencillo, se trata simplemente de un rectángulo que tiene 58 cm de alto por 100 cm de largo. (Fig. 12.)

Esta falda puede cortarse directamente sobre la tela, sin necesidad de hacer el patrón.

El babero

Esta prenda puede hacerse de distintas clases de tela y estilo. Los que usa el niño al tomar el alimento y durante la noche, se hacen sencillos, es decir sin encajes ni bordados, y de tela gruesa, felpa o piqué. Los bordes se rematan con un punto de ganchillo o simplemente con un bies de tela.

El babero de vestir se hace de dos telas. La de abajo de piqué, la tela de encima puede ser de hilo fino o batista. Ambas telas se cosen juntas por el escote. La costura se hace a máquina por el revés, teniendo las dos piezas encaradas por el derecho. Después se vuelve la tela fina

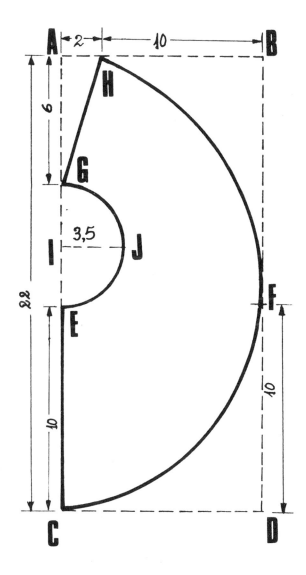

Figura 14. Patrón de babero.

hacia el derecho y se cosen las cintas de seda en los extremos del escote. El borde de la tela de abajo se remata con una puntilla, y la de encima con un festón. También puede adornarse con algún bordadito fino de bodoques, etc. En la figura 13 puede ver el babero confeccionado.

Trazado del patrón

Trazaremos un rectángulo A B C D, cuyas medidas serán de 22 cm de alto por 10 de ancho. (Fig. 14.)

Como trazaremos solamente la mitad del patrón, haremos coincidir la línea A C con el doblez del papel.

Desde C en dirección a A, marcaremos 10 cm, señalando el punto E. Igual distancia la marcaremos desde D a F. A 6 cm por debajo del punto A señalaremos el punto G, y a 2 cm hacia la derecha, también de A, el punto H.

Con estos puntos ya podemos trazar el borde exterior del babero mediante una curva, como se ve en la figura 14. Dicha curva empieza en H, pasa por F y termina en C. Desde G a H trazaremos una recta.

A continuación vamos a trazar el escote. En el centro de la distancia G E, marcaremos el punto I, desde donde entraremos en dirección horizontal 3,5 cm, señalando el punto J. La curva del escote la dibujaremos desde G a E, pasando por J, quedando terminado el patrón.

El saco de dormir

Es una prenda muy práctica para vestir al niño durante la noche, ya que con ella se evita que, con el movimiento de las piernas, quede el niño descubierto durante el sueño.

No es necesario explicar su trazado porque no es más que una camisa larga que le llegará a unos 12 cm más abajo de los pies. El bajo se remata con un dobladillo ancho en el que se introducirá una cinta para cerrar la camisa como se ve en la figura 15, o sea, en forma de saco.

En el escote delantero se hará una abertura hasta el talle. Tanto el escote como la abertura se rematarán con un bies.

De la misma cinta empleada para cerrar el bajo, coseremos unos trozos a cada lado de la abertura del escote, para anudarlos mediante un lazo.

En el bajo de las mangas se hace un dobladillo con dos ojales en la parte de encima, por donde se pasa otra cinta para atarla en la muñeca.

La gorrita

Aunque actualmente ya no se usa esta prenda por serle muy molesta al niño, no queremos dejar de exponerla aquí, ya que su confección puede interesar a algunas personas (Fig. 16).

Está formada por tres piezas. Una central y dos laterales.

Figura 15. Saco de dormir. Es muy adecuado para ponérselo al niño durante la noche.

Figura 16. Modelo de gorrita.

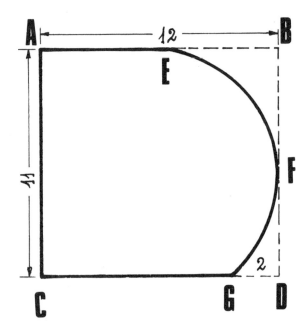

Figura 17. Patrón de las piezas laterales.

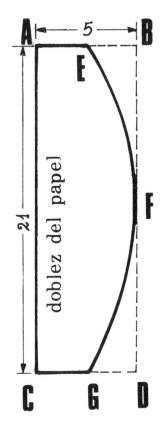

Figura 18. Patrón de la pieza central.

Trazado del patrón

Las piezas laterales las trazaremos del siguiente modo:

En primer lugar se traza un rectángulo de 11 cm de alto por 12 de largo. (Fig. 17.) En la mitad exacta de la distancia A B, señalaremos el punto E, y el punto F en la mitad de B D. En la línea D C, a 2 cm de D, señalaremos el punto G y, por último, trazaremos una curva que empieza en E, pasa por F y termina en D.

El trazado de la pieza central lo iniciaremos con otro rectángulo de 21 cm de alto por 5 de anchura. (Fig. 18.) La línea A C deberá coincidir con el doblez del papel para que al desdoblarlo, una vez acabado y recortado el patrón, resulte la tira completa.

Los puntos medios de los lados AB, BD y CD, se unen con una curva, como se ve en la figura 18.

Figura 19. Canastilla de mimbre forrada. Resulta muy útil para guardar los utensilios de higiene del niño.

La canastilla

La canastilla es una cesta de mimbre forrada, que resulta muy práctica para guardar todos los utensilios higiénicos del niño: esponja, jabón, polvos de talco, etc., y la mudita que hay que ponerle después del baño. (Fig. 19.)

El interior de la cesta se forra con piqué, y la parte exterior puede forrarse·con organdí, haciendo juego con la cuna.

La colocación del forro interior la haremos del modo siguiente:

En primer lugar, se corta una pieza de piqué de las mismas dimensiones del fondo de la cesta, y además otra con la misma medida y altura de la vuelta interior. En esta pieza se cose otra más estrecha y menos larga, en la que se pasan varios pespuntes verticales para dividirla en departamentos o bolsillos.

A continuación se une la pieza del fondo con la de la vuelta interior y se sujetan a la cesta, en el borde superior de la misma, por medio de unas puntadas largas.

La tira de organdí para el volante exterior se cortará con unos centímetros más de largo que la medida de la vuelta de la cesta, y el sobrante se recoge en frunces. Una vez cortada dicha tira se remata su borde inferior con unos puntos de festón o encaje.

A unos 2 cm del borde superior, después de rematar éste con un dobladillo, se pasan dos bastillas con las que se fruncirá todo el volante por igual, dejándolo al tamaño de la vuelta de la cesta. Después se sujeta

Figura 20. Modelo de cuna forrada.

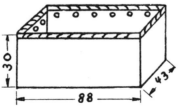

Figura 21. La bolsa que sirve de fondo a la cuna tiene forma de cajón.

al borde de la pieza interior por medio de puntadas largas, procurando queden escondidas.

El asa de la cesta se adorna con tres lazos de cinta de seda en azul o rosa.

La cuna

La cuna debe ser fija, es decir, sin balanceo, ya que éste es muy perjudicial para el niño. El modelo que presentamos tiene ruedas para poder trasladarla con facilidad de un sitio a otro. (Fig. 20.)

El armazón consiste en un bastidor de tijera hecho de madera, con cuatro ruedas. La mantienen abierta cuatro barras de metal formando un rectángulo. De dichas barras queda colgada la bolsa que forma el fondo de la cuna. En la parte de la cabecera lleva un soporte también de metal, para colocar la cortinilla, y en la parte de los pies tienen un asa.

El modo de forrarla es sencillo. Lleva cuatro volantes fruncidos que cubren totalmente el armazón, dejando descubiertas las ruedas solamente.

En primer lugar hay que confeccionar la bolsa, con lona, por ser la tela más fuerte. En la figura 21 puede ver la forma que ha de tener la bolsa. Esta consiste en un cajón de tela de unos 30 cm de altura. El largo y el ancho será igual al tamaño de la cuna; éste puede ser de unos 88 cm de largo por 43 de ancho. En el borde superior se cose un dobladillo postizo con ojetes, y a 1 cm por debajo de éstos, en la parte interior de la bolsa por todo su alrededor, se cosen unos botones grandes, los cuales servirán para sujetar los volantes exteriores.

Con una cinta fuerte se sujetará la bolsa de lona a las barras de la cuna, pasando la cinta por los ojetes a la vez que se va enrollando a las barras entre ojete y ojete.

Para los volantes se cortarán cuatro tiras de organdí con un ancho igual a la altura de la cuna. Las de los costados medirán 140 cm de largo, y las otras dos, más cortas, 65 cm.

Una vez rematado el bajo de las tiras con un festón o encaje, se les hace un dobladillo en el borde superior y se pasa una bastilla, frunciendo después las piezas hasta que queden con la medida de los lados de la cuna, 88 cm y 43, respectivamente. A continuación, a cada una de las tiras se les cose por el revés, sujetando el frunce, otra tira de organdí, al hilo, de unos 10 cm de ancha, en la que se habrán hecho igual número de ojales que botones se hayan cosido en la bolsa, ya que han de abrocharse a ellos.

La cortina que lleva en la parte de la cabecera también es de organdí. Para su realización se cortará un rectángulo que mida de largo el doble de la distancia que hay desde un extremo del soporte hasta el bajo del volante de la cuna. De ancho tendrá el doble de la medida del soporte, desde un extremo a otro.

De cinta de seda se colocará un lazo en el extremo del soporte, delante de la cortina, y otros dos junto al asa de la cuna, uno a cada lado de la misma.

Las sábanas

La sábana bajera de la cuna medirá aproximadamente 108 cm de largo por 75 de ancho.

La encimera medirá de largo 80 cm por 75 de ancho. Para el embozo aumentaremos un trozo de 33 cm con las puntas redondeadas, tal como se ve en la figura 22.

La encimera de la funda de la almohada se corta con el mismo patrón del embozo de la sábana, puesto que tiene la misma forma y tamaño de éste, sin más que aumentarle un trozo de unos 7 cm en la parte inferior, figura 23, donde se harán unos ojales que irán a abrocharse en unos botones colocados en la bajera de la funda, cuyo patrón también se cortará exactamente igual que el embozo aumentándole 3 cm. (Fig. 24.)

El borde del embozo de la sábana y almohada se adornan con algún encaje fruncido. También se le suele hacer algún bordadito. El centro de la almohada no se debe bordar porque la cabecita del niño es delicada y le molestaría.

Modo de realizar algunos puntos empleados en lencería y ropita de niños

Punto de incrustación

Este punto se usa mucho para incrustaciones de encajes y unión de costuras en prendas de lencería, quedando muy fino y fuerte.

Para hacer el punto de incrustación se utiliza una aguja algo gruesa e hilo de carrete fuerte y fino.

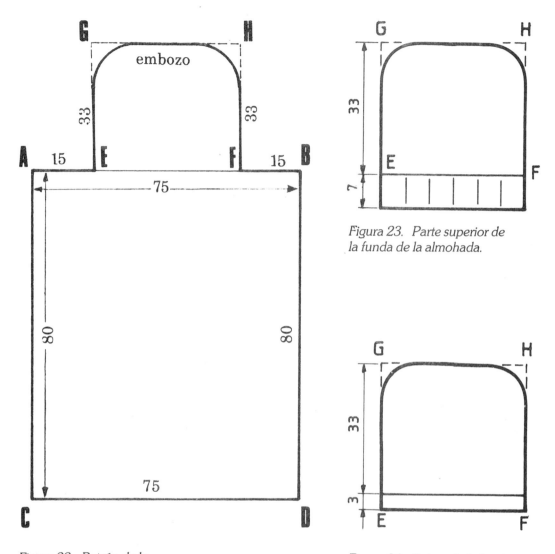

Figura 22. Patrón de la
sábana encimera.

Figura 23. Parte superior de
la funda de la almohada.

Figura 24. Bajera de la funda
de la almohada.

A fin de que comprenda con mayor claridad la forma de realizarlo,
están indicadas las puntadas con número en la figura 25. Estas, como
puede ver, están muy agrandadas.

Se comienza dando una puntada de 2 mm de largo, de arriba a
abajo, a 1 mm a la izquierda del borde de la costura, y se estira bien el

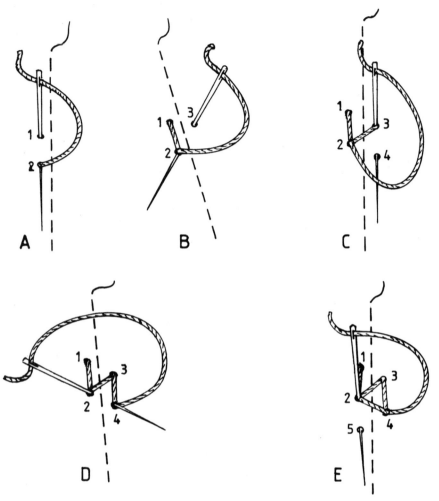

*Figura 25. Proceso a seguir
para realizar el punto de
incrustación.*

hilo. Después se vuelve a repetir la puntada entrando la aguja por el agujero número 1 y sacándola por el número 2. (Fig. 25 A.)

A continuación se clava la aguja a 1 mm a la derecha de la costura, agujero número 3 y se saca por el agujero número 2. (Fig. 25 B.) Vuélvase a repetir la misma punta estirando mucho el hilo.

Después se entra la aguja por el agujero número 3 y se saca por el número 4, repitiendo la puntada como siempre y estirando el hilo. (Fig. 25 C.)

La puntada siguiente se da entrando la aguja por el agujero número 2 y sacándola por el número 4. Como en las anteriores, se repite la puntada. (Fig. 25 D.)

A continuación se repiten las puntadas empezando como en la primera. Se entra la aguja por el agujero número 2 y se saca por el número 5, o sea, la puntada se da de arriba a abajo, a la izquierda del borde de la costura. (Fig. 26 E.)

Todas las puntadas se dan dobles y de 2 milímetros de largas.

Festón

En primer lugar, se dibujan las ondas rellenándolas con bastas o puntadas pequeñas.

Después se hace el festón con puntadas muy juntas, trabajando de izquierda a derecha. Una vez acabado, se recorta la tela junto al borde de las ondas. (Fig. 26.)

Cordón de punto de realce

Este punto se trabaja en bastidor de izquierda a derecha, clavando la aguja por arriba y por abajo del relleno. Se emplea para coser encajes. (Fig. 27.)

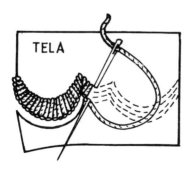

Figura 26. Punto de festón.

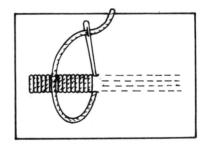

Figura 27. Punto de realce.

Cordón de punto llano

Este se emplea para bordar flores, hojas, etc. Se trabaja con la puntada muy junta siguiendo la dirección del hilván. (Fig. 28.)

Topos

Estos se hacen en punto llano o de realce, en cuyo caso hay que rellenar el dibujo con bastas, bordándose luego en sentido contrario a las puntadas del relleno. (Fig. 29.)

Nudos

Se emplean generalmente para el centro de las flores. Se dan dos o tres vueltas al hilo sobre la aguja, metiéndola seguidamente al lado mismo de donde se sacó, tirando de la aguja hasta que el nudo quede apretado. (Fig. 30.)

Dobladillo festón

Se emplea para rematar los bajos en prendas de lencería.

El modo de hacer este punto es muy sen cillo. Se hilvana un dobladillo de unos 8 cm de anchura, y después se clava la aguja en sentido vertical abarcando todo el dobladillo. Se estira bien el hilo y se pasa la aguja a 1 cm hacia la izquierda de la puntada anterior. Se vuelve a repetir y así sucesivamente. (Fig. 31.)

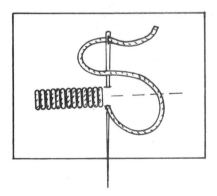

Figura 28. Punto llano.

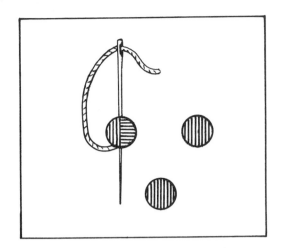

Figura 29. Bordado de topos con punto llano o de realce.

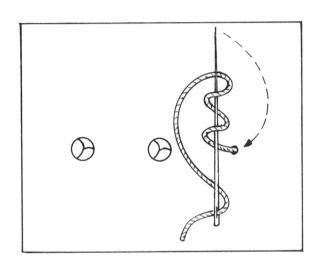

Figura 30. Dando dos o tres vueltas al hilo sobre la aguja se realizan los nudos, que generalmente se emplean para rellenar el centro de las flores.

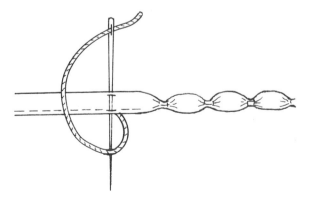

Figura 31. Dobladillo festón para rematar los bajos en prendas de lencería.

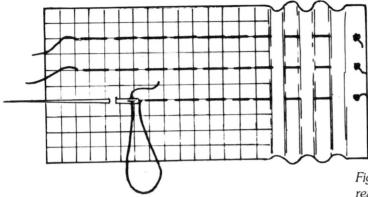

Figura 32. Los hilvanes se realizan siguiendo las líneas del papel cuadriculado, dando la puntada larga.

Punto de abeja

Este clásico punto tan empleado para adornar los trajecitos de los niños, resulta muy bonito, y aunque a primera vista parece muy difícil de hacer, se ejecuta fácilmente. Una vez dominada la manera de hacerlo se puede variar el bordado con infinidad de dibujos.

El hilo que se emplea es el moliné del color más apropiado a la tela del trajecito. Este se corta de canesú alto, y en la parte superior de la falda, o sea, en el borde que ha de unirse al canesú es donde se hace el bordado.

Para hacer los frunces se utilizará una tira de papel cuadriculado, que se sujetará sobre la tela en el lugar donde ha de hacerse el punto.

A continuación se pasan cinco filas de hilvanes siguiendo las rayas del cuadriculado, dando las puntadas tal como se ve en la figura 32. Las filas de hilvanes quedarán separadas entre sí por dos cuadritos. Para cada hilván se utilizará un hilo independiente bastante largo, dejándolo suelto al final con objeto de poder tirar para hacer el fruncido.

Una vez pasados los hilvanes se desprende el papel de la tela con cuidado para que no se rompan los hilos, y se fruncen las filas de hilvanes (no demasiado juntas), atando el extremo de los hilos de dos en dos. Como verá, con la ayuda del papel cuadriculado, los pliegues del fruncido quedan muy iguales.

A continuación se comenzará el punto de abeja de izquierda a derecha.

La primera puntada se hace cogiendo los dos primeros pliegues del frunce. Vea la figura 33 A. La misma puntada se vuelve a repetir, pero esta vez, sacando la aguja por el segundo pliegue a unos 7 mm por debajo de la primera puntada.

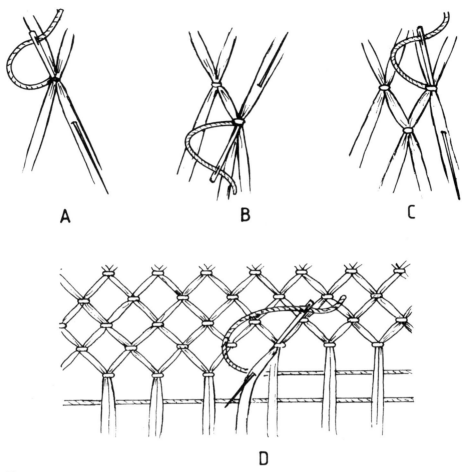

*Figura 33. Proceso a seguir
para realizar el punto de abeja.*

A esta altura se dan otras dos puntadas cogiendo el segundo y tercer pliegue juntos, sacando la aguja por el tercer pliegue, al dar la segunda puntada 7 mm más arriba. (Fig. 33 B.) Después se dan otras dos puntadas cogiendo el tercero y cuarto pliegue y se saca la aguja en la segunda puntada por el cuarto pliegue, y se saca la aguja en la segunda puntada por el cuarto pliegue, 7 mm más abajo. (Fig. 33 C.) De esta forma se continúa hasta el final.

Las filas siguientes se hacen igual volviendo a empezar por los dos primeros pliegues. (Fig. 33 D.)

Una vez terminado el bordado se sacan los hilvanes que han servido para hacer el frunce.

Ejercicios de interpretación de modelos 1

A lo largo de los dos libros que forman esta obra usted ha ido viendo y aprendiendo como se modificaban los patrones tipo para adaptarlos a los distintos modelos así como a trazar los patrones de éstos. Pero los modelos de prendas no tienen límite en su diversidad, aunque a veces las diferencias sean mínimas de unos a otros. Usted cuando practique su profesión, debe ser capaz de interpretar cualquier modelo que se presente, bien sea en un figurín, una revista de modas o que usted vea confeccionado.

El objeto de estos ejercicios es precisamente desarrollar esta capacidad en usted, poniendo en práctica los conocimientos que ya ha adquirido.

Le presentamos una serie de modelos, cinco blusas concretamente, algunas de las cuales podrían también aplicarse como cuerpos de vestido, y una serie de patrones, solamente de los delanteros. En estos patrones la línea gruesa es el trazado definitivo del patrón y las líneas finas son de patrón tipo que se utiliza como base para el trazado.

Usted tiene que averiguar cual de los patrones corresponde a cada modelo y anotar su número en la lista siguiente:

Al modelo A le corresponde el patrón número _____

Al modelo B le corresponde el patrón número _____

Al modelo C le corresponde el patrón número _____

Al modelo D le corresponde el patrón número _____

Al modelo E le corresponde el patrón número _____

Antes de anotar el número del patrón, asegúrese bien de que es el correcto, estudiando atentamente los detalles del modelo y del patrón. Como puede ver hay más patrones que modelos y lógicamente algunos no corresponden a ninguno de los modelos presentados.

(Las soluciones las encontrará en la página 314 de este Libro).

Modelo A

Modelo B

Modelo C

Modelo D

Modelo E

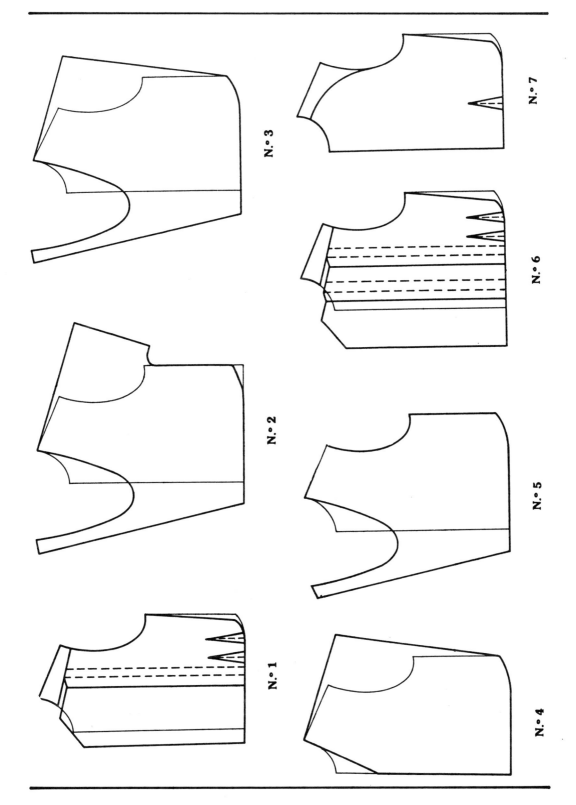

N.° 3

N.° 7

N.° 6

N.° 2

N.° 5

N.° 1

N.° 4

Ejercicios de interpretación de modelos 2

Estos ejercicios son similares a los realizados anteriormente. Aquí presentamos cinco modelos de vestidos y una serie de patrones de delanteros, entre los cuales usted debe encontrar el que corresponde a cada modelo y anotar su número en la lista siguiente:

Al modelo A le corresponde el patrón número _____

Al modelo B le corresponde el patrón número _____

Al modelo C le corresponde el patrón número _____

Al modelo D le corresponde el patrón número _____

Al modelo E le corresponde el patrón número _____

Observe y estudie cuidadosamente los modelos y los patrones para no equivocarse. Como en los ejercicios anteriores aquí también sobran patrones que no corresponden a ninguno de los modelos.

(Las soluciones las encontrará en la página 314 de este Libro).

Modelo A

Modelo B

Modelo C

Modelo D

Modelo E

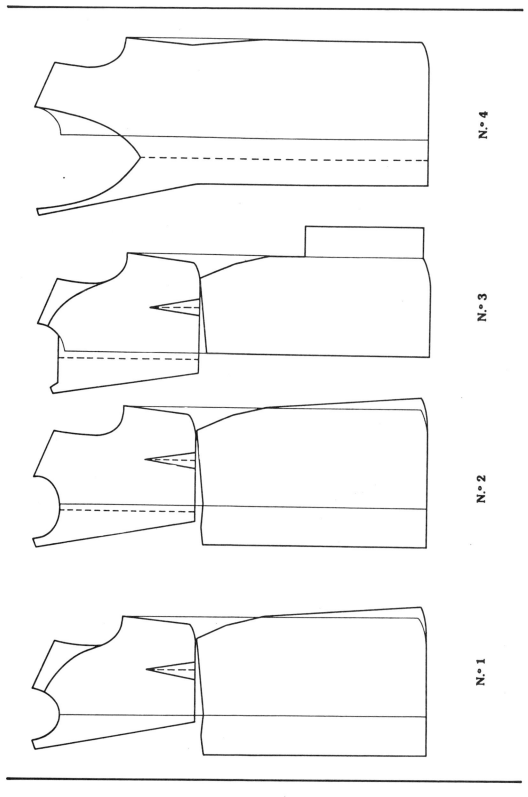

N.º 4

N.º 3

N.º 2

N.º 1

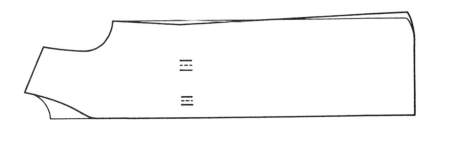

N.º 7

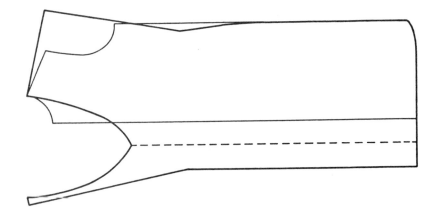

N.º 6

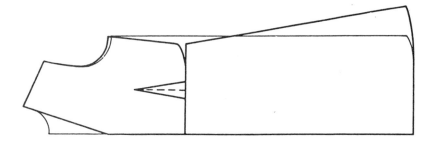

N.º 5

Ejercicios de interpretación de modelos 3

Estos ejercicios son un paso más de avance hacia el dominio de su profesión. Ahora usted es quien debe determinar las modificaciones a hacer en el patrón tipo para adaptarlo a un modelo determinado. Los ejercicios consisten en lo siguiente:

Le presentamos cinco modelos de blusa o cuerpo de vestido y para cada uno de ellos un trazado del patrón tipo del delantero; sobre éste usted debe dibujar las modificaciones necesarias para trazar el patrón correspondiente al modelo.

Es conveniente que primero realice el dibujo con lápiz, por si tiene que corregir, y luego repase el trazado con tinta o bolígrafo, poniendo el máximo cuidado para que no se ensucie o emborrone.

Observe bien los modelos presentados y recuerde todo lo que ha estudiado sobre modificaciones de los patrones tipo. Si lo necesita, porque no recuerde bien algún detalle, puede consultar los textos.

No considere difíciles estos ejercicios; con lo que ha aprendido a lo largo del curso usted puede resolverlos perfectamente.

(Las soluciones las encontrará en la página 315 de este Libro).

Modelo A

Modelo B

Modelo C

Modelo D

Modelo E

Patrones

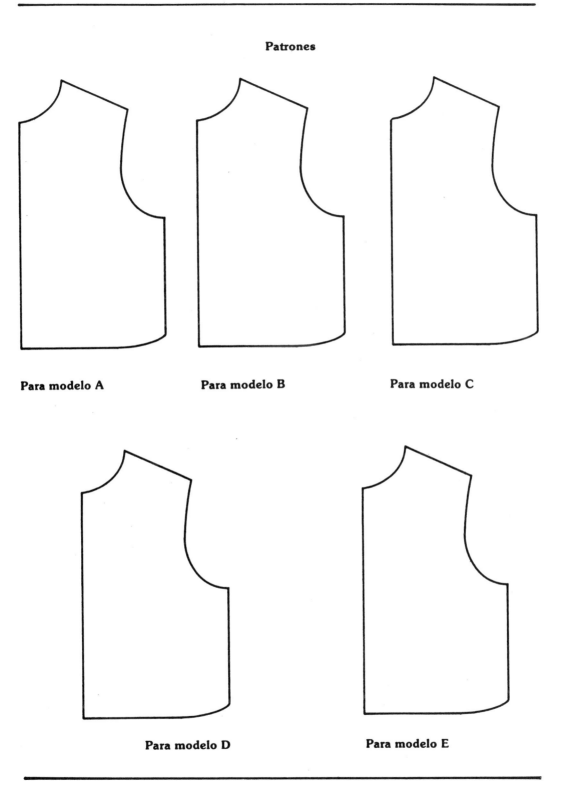

Para modelo A

Para modelo B

Para modelo C

Para modelo D

Para modelo E

Ejercicios de interpretación de modelos 4

Los ejercicios que ha de resolver ahora son similares a los que ha hecho anteriormente. En este caso le presentamos cinco modelos de vestidos y usted tiene que dibujar en los patrones tipo las modificaciones a realizar para adaptarlos al modelo. Sólo debe hacer el patrón del delantero.

Como ya le dijimos anteriormente es conveniente que dibuje primero con lápiz, por si tiene que rectificar, y luego repase el trazado con tinta o bolígrafo. Trabaje con limpieza.

(Las soluciones las encontrará en las páginas 316 y 317 de este Libro).

Modelo A

Modelo B

Modelo C

Modelo D

Modelo E

Patrones

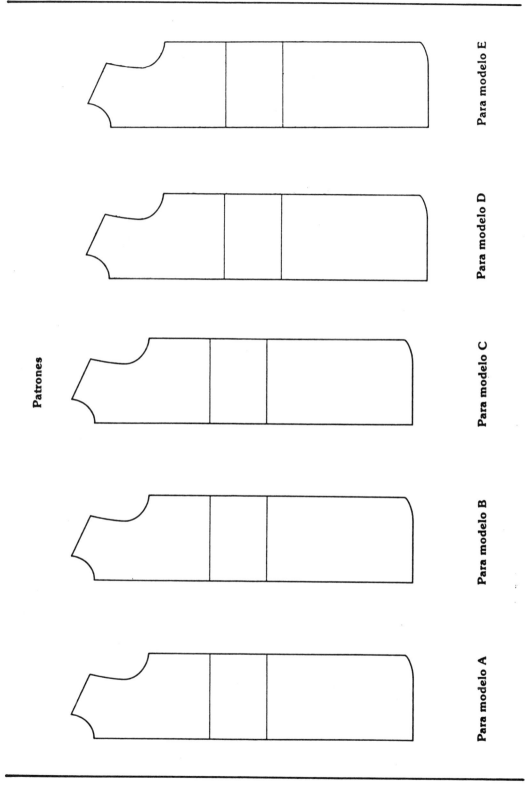

Para modelo E

Para modelo D

Para modelo C

Para modelo B

Para modelo A

Soluciones a ejercicios de interpretación de modelos 1

Al modelo **A** le corresponde el patrón número _____ 2 _____

Al modelo **B** le corresponde el patrón número _____ 7 _____

Al modelo **C** le corresponde el patrón número _____ 5 _____

Al modelo **D** le corresponde el patrón número _____ 6 _____

Al modelo **E** le corresponde el patrón número _____ 4 _____

Soluciones a ejercicios de interpretación de modelos 2

Al modelo **A** corresponde el patrón número _____ 5 _____

Al modelo **B** corresponde el patrón número _____ 6 _____

Al modelo **C** corresponde el patrón número _____ 7 _____

Al modelo **D** corresponde el patrón número _____ 3 _____

Al modelo **E** corresponde el patrón número _____ 2 _____

Soluciones a ejercicios de interpretación de modelos 3

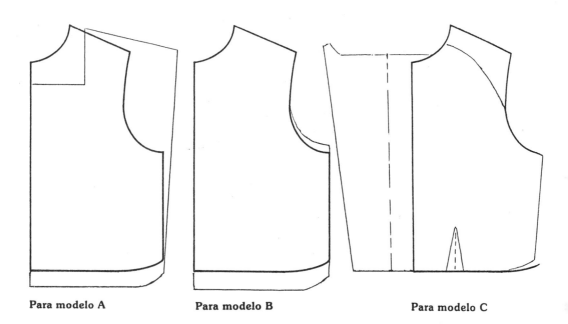

Para modelo A   Para modelo B   Para modelo C

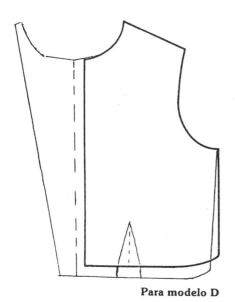

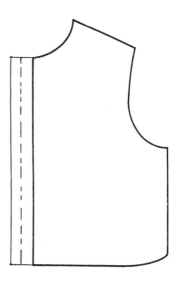

Para modelo D   Para modelo E

Soluciones a ejercicios de interpretación de modelos 4

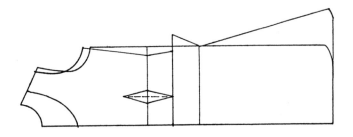

Para modelo C

Patrones

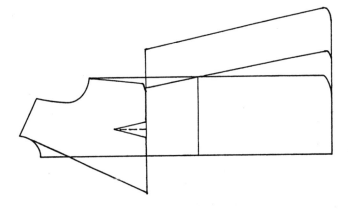

Para modelo B

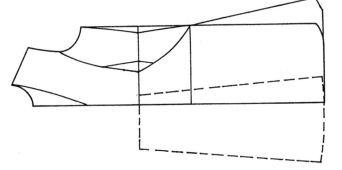

Para modelo A

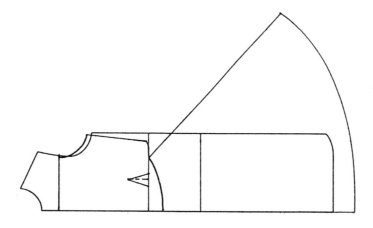

Para modelo E

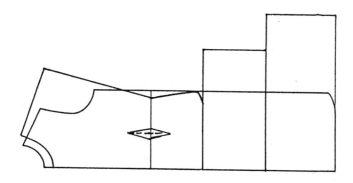

Para modelo D

Indice